개혁주의 입장에서 본 퀴어 신학 비판

개혁주의 입장에서 본
퀴어 신학 비판

 대한예수교장로회총회

추천사

총회장 김종준 목사

할렐루야! 성삼위 하나님의 은총이 총회 산하의 전국 교회와 성도들 위해 항상 충만하길 기원합니다.

지금 전 세계는 코로나19가 장기화되면서 새로운 뉴노멀(New-Normal) 시대를 준비하고 있습니다. 코로나19와 함께 변화될 미래 사회의 모습을 전망하면서 이를 바탕으로 보건뿐만 아니라 경제, 외교, 교육, 환경 등 다양한 부문과의 연계와 협력이 요청됩니다. 코로나19에 대응하고 예측하는 것이 어려운 상황 속에서 비대면 생활 패턴의 증가, 집단주의 쇠퇴, 재택근무와 원격 교육이 일상화되고 있습니다.

동시에 한국 기독교는 코로나19 사태에 어떻게 대응하고 있는지에 대한 끊임없는 자성과 성찰을 요구받고 있습니다. 지금 한국 기독교는 교회의 대사회적 책임과 공공성, 글로벌 연대의식을 함께 평가받는 시험대에 서 있습니다. 한국 기독교는 이러한 전 세계적 위기를 공감하고 슬기롭게 극복하여 새로운 부흥과 성장의 원동력으로 삼아야 하겠습니다.

무엇보다 이러한 격변의 시대 속에서 제104회 총회 신학부에서 수임안건으로 받은 '퀴어 신학의 이단성을 선포해 달라'는 헌의의 건에 대해 교수들과 신학부 임원들이 장기간의 연구와 검토 끝에 『개혁주의 입장에서 본 퀴어 신학 비판』을 발간하게 된 것을 축하드립니다. 종교혼합주의와 포스트모더니즘의 도전, 절대진리의 부정, 동성애 등의 신학적 담론들이 첨예하게 대립되고 있습니다. 신학의 정체성을 찾기 혼란스러운 시대 속에서 동성애와 퀴어 신학에 대한 개혁신학의 입장을 충분한 논의와 심의를 거쳐 담아냈다는 것은 그 자체로 유의미한 결과물입니다. 작금의 현실 속에 동성애와 퀴어 신학에 대한 담론과 개혁신학의 입장이 필요하기 때문입니다. 퀴어 신학은 성경의 규범적 권위를 부인하며, 성소수자의 성애를 자연스러운 질서로 간주합니다. 하나님의 창조질서를 상대화합니다. 퀴어 신학은 인본주의적 가치관과 기준에 의하여 전통적인 신학의 체계와 가치관을 파괴하는 세속화된 신학입니다.

이번에 발간된 『개혁주의 입장에서 본 퀴어 신학 비판』은 개혁신학의 원리와 신학적인 진리를 제시함으로 교회 차원에서의 예방은 물론 목회자들과 개인에게 퀴어 신학에 대한 연구, 구약과 신약에 나타난 동성애, 퀴어 신학의 역사적 변천 과정, 퀴어 신학의 이단성 등을 통해 교육과 안내 지침서로 활용될 수 있습니다. 동성애와 퀴어 신학에 대한 입문서와 개론서가 많지 않은 상황에서 본서는 그동안 논란이 되어온 퀴어 신학 담론에 대한 틈을 메워줄 것입니다. 이번에 발간된 『개혁주의 입장에서 본 퀴어 신학 비판』을 통해 개혁신학의 기초를 굳건히 세우며 교단 산하의 전국 교회가 성경의 절대진리와 신학의 연속성을 세워가는 기회가 되길 바랍니다.

아무쪼록 『개혁주의 입장에서 본 퀴어 신학 비판』 발간을 위해 수고를 아끼지 않고 연구 의뢰를 협력해주신 교수님들과 목사님들, 총회신학부 임원들, 또한 실무로 협력해주신 교육전도국 관계자들에게도 심심한 감사의 인사를 드립니다.

축사

총회총무 최우식 목사

할렐루야!

먼저 하나님의 은총과 평강이 한국교회 위에 함께 하기를 축원합니다. 더불어 이번 『개혁주의 입장에서 본 퀴어 신학 비판』을 발간하게 된 것을 진심으로 축하드립니다. 이번 귀한 도서의 발간은 굳건한 신학적 토대 위에 한국교회가 흔들리지 않는 디딤돌로 세워지는(잠 22:6) 도약의 기회임을 믿어 의심치 않습니다.

급변하는 세태 속에서 작금의 교회는 시대적인 흐름에 휩쓸리지 않도록 준비해야 합니다. 상대적인 가치가 주장되고 다원화라는 이름 아래 자기의 소견대로 행하는 일탈의 모습이 한국교회에도 밀려들고 있습니다.

가속화되는 기술의 도약과 그로 인해 파생되는 4차 산업혁명, 인공지능은 사회의 축을 변화시키고 있습니다. 그로 인해 기존에 없던 윤리적 고뇌와 방대한 의견의 집합이 가속화되고 있기에 가치가 범람하는 때일수록 성경 중심적 세계관을 굳건히 지키는 것이 중요한 시대적 사명임을 더욱 확신하게 됩니다.

개혁신학을 바탕으로 총회와 산하 모든 한국교회는 성경 중심으로 신앙을 지켜왔습니다. 하나님 나라를 위하여 오직 성경, 오직 그리스도, 오직 은혜, 오직 믿음과 오직 하나님께 영광이라는 신조를 가지고 진리의 수호를 위해 물심양면으로 애써왔습니다. 이제 우리는 작금의 교회를 향한 시대 사명을 완수하기 위해 성경 중심의 가치관을 다음 세대에게 온전히 전달해 주기 위해 힘써야 합니다. 한국교회는 중요한 기점에 서 있습니다. 이러한 시점에 발간된 것은 매우 시의적절하고 의미 있는 일이라 생각됩니다. 본서가 한국교회를 향한 관심으로 하나 된 신학부원들과 이 편찬을 위해 준비해주신 교수님들에게 감사드립니다. 모쪼록 이 책을 통하여 한국교회의 다음 세대가 하나님의 사랑에 깊이 잠기게 되길 간절히 축원합니다.

발간사

신학부장 고창덕 목사

"모든 성경은 하나님의 감동으로 된 것으로 교훈과 책망과 바르게 함과 의로 교육하기에 유익하니 이는 하나님의 사람으로 온전하게 하며 모든 선한 일을 행할 능력을 갖추게 하려 함이라"(딤후 3:16-17)

스텐리 그렌츠(Stanley J.Grenz)와 로저 올슨(Roger E. Olson)이 쓴 『20세기 신학』(20TH CENTURY THEOLOGY)을 보면 머리말에 이렇게 언급하고 있습니다.

신학은 성경적인 복음, 교회의 유산 그리고 현대 세계의 사상 형태라는 세 가지 축으로 움직여야 한다. 이는 신학이 변화하는 상황 속에서 예수님에 대한 불변하는 고백을 적절히 표현하려 하고, 그것에 근거하여 다가오는 세대의 문제들에 대하여 이 세 가지를 적용하는 것이다.

21세기에도 마찬가지입니다. 올바른 신학은 성경에 근거한 역사적인 기독교 신앙을 기초로 해야 합니다. 우리 교단이 표방하는 개혁주의 신학은 어떠한 상황 속에서도 종교개혁자들이 주창했던 '오직 성경(Sola Scriptura)'에 근거합니다.

오늘 한국 사회에 '퀴어'(queer)라는 말이 사용되고 있는데 '낯설고 이상(異常)하다'라는 의미를 지니고 있습니다. 이 용어가 자연스럽게 사용된 계기는 아마도 동성애자들의 '퀴어 축제'가 TV나 신문 등에서 방영되고 소개되었기 때문일 것입니다. 그런데 한국 교회에서는 '퀴어 신학'의 출현이 다수의 일반인들이나 신앙생활을 하고 있는 성도들에게 의구심과 불편함까지 느끼게 하고 있음은 부인할 수 없는 사실입니다. 퀴어신학자들은 동성애를 신학적으로 정당화하며, 동성애란 낯설고 이상하므로 기독교 신학의 중심이 되어야 한다고 주장합니다.

이러한 상황 속에서 '퀴어 신학'에 대한 세 분 교수님들의 연구를 통해 이 신학의 정체성을 바르게 알고 깨닫게 되는 계기가 된 것은 매우 다행한 일이라 생각됩니다.

『개혁주의 신학의 입장에서 퀴어 신학 비판』을 비판하고 올바른 길을 제시한 이 책이 우리 교단의 목회자들에게는 성도들을 바르게 깨우치게 하는 무기요, 또한 신학과 교회에는 귀한 길잡이요, 우리 한국 사회에는 귀한 불꽃이 되길 기대합니다.

차례

추천사 4
축 사 7
발간사 9

성경이 말하는 동성애_이상원   14
창세기 1장과 2장의 차이 · 15
노아의 가나안 저주 사건(창 9:20-27) · 22
고대 근동에 나타난 동성애 · 30
창세기 19장 '소돔과 고모라 사건' · 37
사사기 19-20장 '레위인의 첩 사건' · 52

구약성경에 나타난 동성애_황선우   61
들어가는 말 · 61
소돔의 동성애 · 62
소돔의 죄는 동성애가 아니라 집단 성폭력인가? · 64
동성애 금지명령 · 67
동성애 금지명령은 구약시대와 남자에 한정되는가? · 68
사사시대의 동성애 · 74
동성애, 타락의 바로미터 · 75
동성애, 개혁의 대상 · 77
다윗과 요나단의 동성애? · 80
나오는 말 · 82

신약성경에서 본 동성애_이풍인　　85

글을 시작하며 　　85
로마서 1:26-27에 대한 친(親) 동성애적인 접근들 　　87
로마서 1:26-27에 대한 주해적 접근 　　94
글을 맺으며 　　114

퀴어 신학의 이단성_이상원　　116

들어가는 말 　　116
퀴어 신학의 정의 　　118
퀴어 신학의 사상석 배경 　　120
퀴어 신학의 방법론 　　128
핵심적인 기독교 교리들과 결혼에 대한 성애적 재해석 　　135
기독교 교리와 삶의 원리들에 대한 퀴어 신학의 재해석에 대한 비판 　　160
나가는 말 　　178

참고문헌　181

성경이 말하는 동성애

이상원 교수(총신대학교 신학대학원, 조직)

　동성애자들이 자신들의 단체와 활동에 대한 상징으로 내세운 것이 무지개이다. 그들이 내세운 무지개 색상은 여섯 개인데, 어떤 의도와 과정을 통해서 여섯 색상을 내세웠든 간에 여섯 색상 무지개는 동성애자들의 의도 여부와는 무관하게 동성애의 영적 특성을 그대로 드러내는 상징이 되었다.

　성경에 등장하는 중요한 숫자들은 모두 상징적인 의미를 담고 있다. 7이라는 숫자는 완전함을 뜻하는 숫자이다. 그러면 6은 무엇을 상징하는 숫자인가? 6은 7에서 하나가 모자란다. 따라서 6은 영적으로 교만하여 하나님에게만 있는 완전함의 경지에 이르려고 시도했다가 실패하고, 하나님으로부터 징벌을 받고 타락한 천사인 사탄을 상징하는 숫자이다. 그러므로 동성애자들이 여섯 색상 무지개를 상징으로 내세운 것은 동성애가 사탄의 일임을 스스로 드러내는 것이다.

원래 무지개는 노아의 홍수가 끝난 다음에 이 세상을 다시는 물로 멸망시키지 않으실 것을 약속하신 하나님의 은혜의 복된 소식을 담은 아름다운 영적 상징이었다. 이 아름다운 영적 상징은 일곱 색깔 무지개였다. 그런데 하나님이 주신 이 아름다운 상징이 동성애자들에 의하여 살짝 변형되어 사탄의 활동의 상징으로 전락해버렸다.

지금은 무지개라는 말을 하면 동성애가 떠오르는데, 그렇다고 해서 우리가 무지개라는 용어의 사용을 회피하면 하나님이 주신 가장 소중한 상징 가운데 하나를 영영 잃어버리게 되고, 기독교계의 아름다운 유산이 소실된다. 따라서 우리는 무지개라는 용어를 적극적으로 사용하고, 그 진정한 의미를 지속적으로 말하여 이 용어를 우리의 것으로 되찾아야 할 것이다.

창세기 1장과 2장의 차이

하나님은 인간을 창조하시는 바로 그 시점에 종말의 날까지 모든 인류에게 적용되는 보편적이고 절대적인 성 질서를 정해 놓으셨다. 창세기 1장 27-28절은 이렇게 선포한다.

하나님이 자기 형상 곧 하나님의 형상대로 사람을 창조하시되 남자와 여자를 창조하시고 그들에게 복을 주시며 하나님이 그들에게 이르시되 생육하고 번성하여 땅에 충만하라, 땅을 정복하라, 바다의 물고기와 하늘의 새와 땅에 움직이는 모든 생물을 다스리라 하시니라.

이 명령은 문화대명령으로 알려진 본문이다. 문화대명령은 뒷부분부터 거꾸로 순차적으로 내용을 살펴보면 이해가 잘된다.

먼저 하나님은 땅을 정복하는 임무, 좀 더 구체적으로 말하면, 바다와 하늘과 땅에 있는 모든 생물을 다스리는 임무를 아담과 하와에게 주셨다. 아담과 하와는 인류를 대표하는 입장에서 이 명령을 받았기 때문에 이 명령은 모든 인류에게 적용되는 명령이다.

다음으로 인간이 바다와 하늘과 땅에 있는 모든 생물을 다스리기 위해서는 "생육하고 번성하여 땅에 충만해야" 한다. 그런데 아담과 하와 둘의 힘만으로는 바다와 하늘과 땅에 있는 모든 생물을 다스릴 수 없다. 아담과 하와는 자손을 낳아야 하고 계속하여 많은 후손들이 태어나서 생육하고 번성하여 땅을 채워야 한다.

마지막으로 문화대명령을 수행하도록 하시기 위하여 하나님은 인류를 남자와 여자로 만드셨다.

여기서 우리는 잠시 숨을 고르면서 창세기 1장 27절에서 사용된 '남자'와 '여자'라는 용어에 주목해야 한다.

우리말로 남자 혹은 여자로 번역되는 대표적인 히브리어 단어에는 두 유형이 있다. 첫 번째 유형은 '이쉬'(남자)와 '이쉬아'(여자)이다. 이는 몸과 영혼을 모두 포함하는 전인을 가리키는 용어이다. 창세기 2장 22-24절에서 우리말로 남자와 여자로 번역된 단어가 이쉬와 이쉬아이다. 이 맥락에서는 전인적인 삶 속에서 영위되는 남자와 여자의 관계가 중요한 주제로 다루어진다.

그러면 이쉬와 이쉬아는 어떤 관계 안에 있을까? 이쉬와 이쉬아는 존재론적인 의미에서는 평등하다. 이쉬와 이쉬아가 모두 하나님의 형상으로 창조되었기 때문이다. 그러나 기능 면에서는 여자 곧 이쉬아가 남자를 돕는 배필로 창조되었음을 말함으로써 이쉬아가 이쉬와 동등한 관계가 아님을 성경은 분명히 한다. 이 점은 언어학적으로도 뒷받침을 받는다. 남자를 의미하는 이쉬를 어간으로 하여 모음 하나가 붙어서 여자를 의미하는 이쉬아가 되었다. 언어학적으로 볼 때 이쉬라는 어간이 없으면 이쉬아가 나올 수 없다. 이 점은 이쉬아가 지음 받은 과정에서도 확인된다. 이쉬아는 이쉬의 갈비뼈를 재료로 하여 지음 받았다. 이쉬의 갈비뼈를 빼고는 이쉬아의 지음 받음을 생각할 수 없다. 이와 같은 관계를 바탕으로 창세기 2장 24절은 아담과 하와 이후의 이쉬와 이쉬아의 관계를 이렇게 설정한다. "이러므로 남자가 부모를 떠나 그의 아내와 합하여 둘이 한 몸을 이룰지로다."

아담과 하와에게는 육신의 부모가 존재하지 않으나 아담과 하와 이후에 태어나는 사람들에게는 육신의 부모가 존재한다. 육신의 부모 밑에서 자라는 이쉬는 일정한 연령에 도달하면 부모의 보호를 벗어나서 이쉬아와 합해야 한다. 그런데 '합하다'라는 표현을, 이쉬와 이쉬아의 두 몸이 하나로 융합되어 신체적으로 남성성과 여성성을 모두 가진 한 몸이 된다는 뜻으로 이해해서는 안 된다. '합하다'로 번역된 동사 '다바크'는 '밀착하다' 혹은 '친밀하고 가까운 거리를 유지하다'라는 뜻이다. 다바크는 서로 독립되어 있는 두 개체가 근접하여 가까이 있는 것을 묘사하는 단어이다.

이처럼 이쉬와 이쉬아가 가까이 근접하여 지낼 때 무엇을 목표로 하고 생활해야 하는가? '한 몸'이 되는 것을 목표로 하고 생활해야 한다. '한 몸'이라는 표현에 대해서는 다음과 같은 논점에 주목해야 한다.

첫째, 본문은 "한 몸을 이룰지로다"라고 말하고 있다. "이룰지로다"라는 히브리어 문장은 미완료문장인데, 미완료문장은 종종 명령형으로 사용되기도 한다. 그러므로 이 문장은 "한 몸을 이루어야 한다"라는 뜻이다. '한 몸'이라는 말은 아주 이상적인 상태를 묘사하는 표현으로서 모든 부부가 지향해야 할 목표이다. 현실에서 진정한 의미의 '한 몸'에 도달한 부부는 거의 없다. 이쉬와 이쉬아가 부모를 떠나 부부가 되면 바로 한 몸이 되는 것이 아니다. 부부가 된 이쉬와 이쉬아는 '한 몸'이 되기 위하여 부단히 노력해야 한다.

둘째, '합하여'라는 표현과 마찬가지로 이보다 훨씬 더 강한 표현인 '한 몸'도 이쉬와 이쉬아가 신체적으로 융합되어 남성성과 여성성을 동시에 지닌 자웅동체, 혹은 양성적 존재가 된다는 뜻으로 이해되어서는 안 된다. 이쉬와 이쉬아는 서로 독립된 두 개체로서 하나로 융합될 수 없다.

셋째, '한 몸'이라는 표현은 상호보완적인 관점에서 이해되어야 한다. 섞일 수 없는 독립된 두 개체가 서로의 독립성을 유지하면서 기능의 관점에서 상호보완적으로 가까이 접근하거나 밀착하여 온전하게 작동되는 상태를 표현한 것이 '한 몸'이다. 열쇠와 자물쇠를 생각하면 도움이 된다. 열쇠는 자물쇠가 될 수 없고 자물쇠는 열쇠가 될 수 없다. 또 열쇠 하나만 가지고는 기능을 발휘할 수 없고, 자물쇠 하나만으로도 기능을 발휘할 수 없다. 열쇠가 자물쇠에 꽂혀서 하나가 될 때 100% 기능을 발휘한다. 그러나 이쉬와 이쉬아가 기능 면에서 불완전하다는 말이 존재 면에서 그 자체로 완전하고 아름다운 존재라는 섬을 부인하는 것은 아니다.

넷째, 성경에서 '몸'(히브리어로는 '바사르', 헬라어로는 '소마')은 단지 신체만을 가리키지 않고, 몸을 가지고 현세 안에서 영위하는 삶 전체를 뜻하는 용어로 사용되는 것이 통례이다. 따라서 '바사르'라는 히브리어는 '관계'라는 의미를 지니고 있기도 하다. 본문에서 말하는 '한 몸'은 이쉬와 이쉬아가 생각, 행동, 생활에서 서로의 독특성을 가지고 서로를 보완해 가면서 균열됨이 없이 조화를 이루고 살아가는 모습을 표현한 것이다.

우리말로 남자와 여자로 번역되는 또 하나의 유형이 있는데, 그것은 '자카르'(남자)와 '니케마'(여자)이다. 창세기 1장 27절에는 이 용어가 사용되었다. 생육하고 번성하기 위해서는 자녀를 낳아야 하며, 자녀를 낳기 위해서는 자카르와 니케마 사이에서 성관계가 이루어져야 한다. 영혼을 포함한 인간의 삶 전체를 묘사할 때 이쉬와 이쉬아를 사용한 모세는 성적 존재로서 인간을 묘사할 때는 자카르와 니케마를 사용한다. 자카르와 니케마는 인간과 동물에게 공통적으로 사용되는 단어이다. 정확히 번역하자면 자카르는 '수컷'으로, 니케마는 '암컷'으로 번역해야 한다. 이 단어들은 영혼이 아닌 신체구조를 가리키는 표현이다.

성적 존재로서 인간을 묘사할 때 자카르와 니케마를 사용했다는 것은 인간의 경우도 다른 동물처럼 성 정체성 혹은 성별을 결정할 때 영혼을 고려하지 않고 순전히 생물학적인 신체구조만으로 결정해야 한다는 뜻이다. 따라서 창세기 1장 27절은 젠더 이론을 거부한다. 다른 동물의 경우와 마찬가지로 인간도 성 정체성과 성별은 염색체와 생식기 구조에 의하여 결정된다. 염색체가 XY이고, 이 염색체가 주는 정보에 따라서 남성 생식기 구조가 형성되면 남자이고, 염색체가 XX이고 이 염색체가 주는 정보에 따라서 여성 생식기 구조가 형성되면 여자이다. 그리고 그것으로 끝이다. 성별과 성 정체성을 결정할 때는 어떤 인간의 사상이나 주관적인 정서가 개입될 여지가 없다.

성적 존재로서 자카르와 니케마도 상호보완적으로 이해되어야 한다. 열쇠는 자물쇠와 만나야 제 기능을 100% 발휘할 수 있다. 열쇠와 열쇠, 자물쇠와 자물쇠가 만나면 기능을 전혀 발휘할 수 없는 것처럼, 자카르와 자카르, 니케마와 니케마가 성관계를 가지면 자녀를 출산하는 것은 전적으로 불가능하며, 문화대명령을 수행할 수 없다.

인간의 신체는 심장 혈관계, 호흡기계, 신경계, 생식계라는 4대 핵심계통으로 구성되어 있는데, 이 가운데 심장 혈관계, 호흡기계, 신경계는 다른 신체의 도움 없이 한 몸 안에서 자율적으로 작동된다. 그러나 생식계만은 다른 성을 가진 배우자와 관계하지 않으면 작동되지 않는다. 예컨대 남성 생식기는 정자만을 생산하며, 여성 생식기는 난자만을 생산한다. 정자 혼자만으로는 자녀 생산과 관련하여 아무 기능도 하지 못하며, 난자 하나만으로도 역시 아무 기능도 할 수 없다.

또한 자카르와 니케마는 성과 출신에 관한 한 그 특성이 정반대이기 때문에 서로 교환하거나 대체할 수 없다. 예를 들어서 남성은 자궁이 없기 때문에 아이를 잉태하고 낳을 수 없다. 그것은 여성 고유의 역할이다. 그뿐만 아니라 남성은 갓 태어난 아이에게 젖을 먹여 키울 수 없다. 호르몬 분비에서도 자카르와 니케마는 현격한 차이를 보여준다. 예컨대 자카르의 경우 니케마보다 평균 약 1,000배 더 많은 테스토스테론이 흐르는 것으로 조사되었다.

노아의 가나안 저주 사건(창 9:20-27)

인류의 첫 시조인 아담과 하와 이후에 등장한 인류는 노아의 홍수 때 노아의 여덟 식구(노아와 그의 아내, 세 아들 셈, 야벳, 함과 그들의 세 아내)를 제외하고는 모두 죽었다. 따라서 현대의 인류문명과 연속성을 가진 문명은 사실상 노아의 홍수 이후에 노아의 여덟 식구로부터 시작되었다고 보아야 한다. 좀 더 구체적으로 말한다면, 역사상 가장 오래된 집단 문명권인 수메르 문명과 노아의 여덟 식구로부터 이집트 문명이 시작된 것이다. 이 사실은 "방주에서 나온 노아의 아들들은 셈과 함과 야벳이며 함은 가나안의 아버지라 노아의 이 세 아들로부터 사람들이 온 땅에 퍼지니라"는 창세기 9장 18-19절 말씀을 통하여 확인된다.

홍수 이후 노아의 가족들의 활동에 관한 특별한 기사가 처음 등장한 것은 창세기 9장 20절부터 27절까지이다. 이 본문은 노아가 포도주에 취하여 장막 안에 누웠을 때 세 아들이 아버지 노아에게 한 행동을 기록하고 있다. 본문을 단순하게 보면 함은 아버지의 하체를 본 반면에 셈과 야벳은 아버지의 하체 보기를 피하고 뒷걸음질로 들어가 아버지의 벗은 몸을 가려주었다고 되어 있다. 그리고 동시에 술에 취한 상태에서 깨어난 노아가 함이 자기 몸을 보았다는 사실에 근거하여 함의 아들 가나안을 저주한 것으로 되어 있다. 그러나 이 본문을 이렇게 단순하게 해석하는 것은 여러 가지 무리가 뒤따른다.

첫째, 누군가의 벌거벗은 몸을 우연히 본 우발적 행위가 무서운 저주의 대상이 된다면, 이 행위가 얼마나 큰 죄인가를 보여주는 관행에 대한 기록이 있어야 하는데, 아직까지 이런 관행의 존재를 보여주는 기록이 고대 근동 문명권에서 발견되지 않았다.

둘째, 노아가 저주를 내렸다는 말은 함이 한 행동이 단순히 우발적으로 노아의 벗은 몸을 본 것이 아니라 인륜상 도저히 용납할 수 없는 심각한 도덕적 악행임을 암시한다. 만일 이런 심각한 죄가 아니라 악의가 없이 장막 안으로 들어갔다가 우연히 노아의 벌거벗은 몸을 본 것인데, 이런 행동에 대하여 노아가 후손을 축복하는 자리에서 저주까지 내렸다고 한다면, 노아는 아주 편협하고 고약한 노인이 되고 만다. 더욱이 노아가 저주를 내린 것은 술에 취한 상태에서 한 것이 아니라 술에서 깨어나 정신이 멀쩡한 상태에서 했다는 사실에 주목해야 한다. 경건한 노아가 정신이 멀쩡한 상태에서 그렇게 편협하고 고약한 행동을 했다는 것은 납득하기 어렵다.

셋째, 노아의 벌거벗은 몸을 본 것은 함인데, 왜 엉뚱하게 가나안이 저주를 받았는가 하는 문제도 난제로 남는다.

이상과 같은 사실을 고려할 때 이 사건은 함이 노아의 벌거벗은 몸을 우연히 본 행동을 다룬 사건이 아니라는 것을 강력하게 시사한다. 실제로 원문을 분석해보고 그 당시의 상황을 추정해보면, 함의 행동이 근친 간의 동성 강간 행위와 관련되어 있다는 해석이 가능하다.

홍수 후에 노아는 농사꾼이 되었고, 포도원을 만들고 포도나무를 심었다(창 9:20). 포도를 수확한 다음, 노아는 포도주를 만들었고, 이 포도주를 마시고 취하여 장막 안에서 벌거벗었다(창 9:21).

우선 여기서 '벌거벗다'라는 동사에 주목해야 한다. 벌거벗는다고 번역되는 동사는 '갈라'인데, 본문에서는 그 태가 히트파엘형으로 표현되어 있다. 히트파엘은 수동재귀동사로서 '자기 스스로 옷을 벗다'라고도 해석될 수 있고, 누군가에 의하여 '벗겨지다'로도 해석될 수 있다. 문맥상으로는 두 번째 해석이 맞는 것으로 보인다. 통상적으로 술에 취한 사람이 스스로 옷을 벗는 일은 거의 없다. 술 취한 사람은 인사불성이 되어서 옷을 벗을 생각도 하지 않고 침대에 누워 자는 것이 통례이기 때문이다. 술에 취한 사람은 보통 다른 사람이 옷을 벗겨주기 마련이다. 따라서 누군가가 노아의 옷을 벗겼다고 번역하는 것이 자연스럽다. 그러면 술에 취하여 잠든 노아의 옷을 누가 왜 벗겼는가? 술에 취했다고 해서 하체를 가린 옷을 벗겨야 할 이유가 있는가? 그럴 이유가 없다. 게다가 누군가가 노아의 옷을 벗겼다면 당연히 벗긴 부분을 담요 등으로 가려주거나 다른 옷을 입혀주는 것이 상식 아니겠는가? 그런데 본문을 보면 노아는 옷이 벗겨진 상태로 방치되어 있었다. 이것은 평범한 행위가 아니다.

더욱이 구약성경에서 '벌거벗다'라는 단어가 스스로 드러낸다는 뜻으로 사용되든지, 아니면 다른 사람에 의하여 벗겨짐을 당한다는 뜻으로 사용되든지 간에 사람의 신체와 관련되어 사용될 때는 성행위를 뜻하는 용어로 사용되는 경우가 많았다. 예컨대 성경은 아들이 아버지의 아내와 근친적인 성관계를 가지는 경우를 표현할 때 "아버지의 하체를 드러낸다"라고 말한다.

- 그의 아버지의 아내와 동침하는 자는 그의 아버지의 하체를 드러냈으니(신 27:20)
- 사람이 그의 아버지의 아내를 취하여 아버지의 하체를 드러내지 말지니라(신 22:30)
- 네 가운데에 자기 아버지의 하체를 드러내는 자도 있었으며(겔 22:10)

또한 강간당하는 장면을 묘사할 때 벗은 몸을 드러낸다고 말한다.

- 내 속살이 드러나고 네 부끄러운 것이 보일 것이라(사 47:3)
- 네 벗은 몸을 그 앞에 드러내 그들이 그것을 다 보게 할 것이며(겔 16:37)
- 그들이 그의 하체를 드러내고(겔 23:10)
- 너를 벌거벗은 몸으로 두어서 네 음행의 벗은 몸 곧 네 음란하며 행음하던 것을 드러낼 것이라(겔 23:29)

자기 스스로 옷을 벗는 행위도 간음행위를 가리키는 표현으로 사용된다.

"네 정든 자와 행음함으로 벗은 몸을 드러내며"(겔 16:36)

70인역에서는 이 단어를 성적인 '수치스러움'을 뜻하는 헬라어 '텐 아스케모수넨'으로 번역했는데, 바울도 성교를 가리킬 때 이 용어를 사용했다.

22절 전반절은 가나안의 아버지인 함이 그의 아버지의 하체를 보았다고 보도한다. 22절의 첫 절이 함이 장막 안에 있는 그의 아버지의 하체를 보았다고 시작하고 있는 것으로 미루어 볼 때 함은 아버지의 장막 안에 이미 머물고 있었음이 분명하다. 함이 장막 밖에 있다가 장막을 들어 올리고 아버지의 하체를 흘낏 본 것이 아니다. 함이 아버지의 하체를 본 다음에 장막에서 나갔다는 말은 있는데 들어갔다는 말은 없는 것으로 볼 때 함은 장막 안에 이미 들어와 있었음이 분명하다. 21절의 "벌거벗은지라"를 '벌거벗겨지다'로 해석하면, 노아의 몸이 누군가에 의하여 벌거벗겨졌다는 말인데, 누가 노아의 하체를 벌거벗겼겠는가? 이미 들어와 있던 함이 그렇게 했다는 뜻이 된다. '벌거벗다'나 '벌거벗기다'라는 표현이 모두 성관계를 의미하고, 노아가 술에 취하여 항거할 수 없는 상태에 있었으므로, 함이 아버지 노아에게 근친적인 동성 간의 강간을 범했다는 추정이 가능하다.

이와 같은 추정을 더 강화시켜주는 것은 함이 아버지 노아의 "하체를 보았다"라는 구절이다. 레위기 20장 17절에는 "여자의 하체를 보았다"는 표현과 "남자의 하체를 보았다"는 표현이 등장하는데, 이 구절은 형제자매 간의 근친 성관계를 가리키는 표현으로 사용되고 있다.

22절의 다음 구절은 "밖으로 나가서 그의 두 형제에게 알리매"이다. 이 구절도 함이 우연히 아버지 노아의 벗은 몸을 본 것이라면 납득이 되지 않는다. 아버지 노아가 벌거벗은 것이 민망하다면 옷을 입혀주면 문제는 간단히 해결되지 않겠는가? 그런데 함은 그런 간단한 조치를 취하지 않고 오히려 이 사실을 모르고 있던 두 형제에게 의도적으로 알려주었다. 이 행위는 단순하게 아버지 노아가 벌거벗은 채로 장막 안에 있다는 정보를 전달하는 것으로만 보기는 어렵다.

아버지 노아가 깨어난 후에 바로 세 아들에 대하여 축복과 저주를 담긴 미래예고를 했다는 사실로 미루어 볼 때, 함도 상속과 관련된 운명을 결정하는 미래예고가 곧 올 것을 예상하고 있었다고 추정할 수 있다. 그런데 함은 막내이기 때문에 상속과 관련해서는 매우 불리한 위치에 있었다. 함은 어떤 형태로든 상속권을 빼앗아 오려는 마음을 품었을 것이다. 이 마음이 비뚤어져서 아버지 노아에 대하여 근친적인 동성 간의 간음을 범하도록 이끌었다고 추정할 수 있다. 뒤에서 살펴보겠지만 고대 근동에서 삽입하는 입장에서 남성 동성애를 행하는 것은 상대방을 장악하고 있음을 보여주는 증표로 해석되었다. 아마도 함은 아버지와 형들의 권위를 박탈하고 족장인 아버지를 계승하는 권리를 차지하기 위하여 아버지를 겁탈하고 그 사실을 일부러 형들에게 알려서 형들에게 도전을 한 것이 아닌가 추정된다.

함의 말을 들은 셈과 야벳은 옷을 가져다가 자기들의 어깨에 메고 뒷걸음쳐 들어가서 아버지의 하체를 덮었고, 얼굴을 돌이켜 아버지의 하체를 보지 않았다(창 9:23). 셈과 야벳이 가지고 들어온 옷은 몸을 두르는 외투를 가리키는데, 이 단어 앞에 정관사를 붙여서 "그 옷"이라고 표현했다. 이 말은 이 옷이 노아 자신이 입고 있던 옷이라는 뜻이다. 문제는 왜 이 옷이 장막 밖에 있었는가 하는 것이다. 아마도 노아는 술을 마시고 취하여 장막에 들어갈 때까지 외투를 입고 있었음이 분명하다. 그런데 본문은 노아의 외투가 밖에 나와 있는 것으로 되어 있으므로 누군가가 외투를 밖으로 가지고 나왔음이 분명하다. 누가 외투를 가지고 나왔겠는가? 장막 안에 있던 함이 노아와 성관계를 가진 다음, 성관계를 가진 증거로서 외투를 가지고 나왔다고 보는 것이 가장 합리적인 추정이다.

셈과 야벳은 노아의 외투를 가지고 들어가서 노아의 하체를 덮어줄 때 노아의 하체를 보지 않으려고 아주 조심스럽게 행동했다. 이들은 뒷걸음질로 들어갔고, 아버지의 하체를 덮을 때도 얼굴을 돌려서 보지 않으려고 했다. 셈과 야벳이 이렇게 조심스럽게 행동한 것은 하체를 본다는 것이 부도덕한 성적 일탈을 가리킨다는 사실을 이미 알고 있었다는 추정을 가능하게 한다.

마침내 노아가 술에서 깨어난 후에 함이 자기에게 한 일을 알게 되었다(창 9:24). 술에서 깨어난 노아는 가나안에게 무서운 저주를 내린다. "가나안은 저주를 받아 그의 형제의 종들의 종이 되기를 원하노라." 이 저주의 내용은 두 가지이다. 이 두 가지 저주의 내용도 함이 아버지 노아에 대하여 성행위를 했다는 추정을 뒷받침해준다.

노아는 가나안을 저주했다. 행동을 한 당사자는 함인데 왜 가나안이 저주를 받은 것일까? 함이 노아와 더불어 성관계를 가진 것은 자녀출산과 관련이 있는 정액을 가지고 나쁜 짓을 한 것이기 때문에 함의 자녀인 가나안에 대하여 벌을 내린 것이라고 해석할 수 있다.

또 하나의 저주는 가나안이 형제들의 종이 되는 것이다. 이 저주는 야벳의 미래를 예고할 때 재차 나온다. "가나안은 그의 종이 되게 하시기를 원하노라"(창 9:27). 함이 셈과 야벳을 누르고 상속권을 빼앗으려고 한 행동에 대하여 노아는 오히려 함이 셈과 야벳의 종이 되는 벌을 내린 것이다.

이처럼 가나안의 아버지 함은 홍수 이후에 새롭게 시작된 삶의 시초부터 근친 남성 간의 강간행위로 출발했고, 이후 가나안 부족은 근친상간, 동성애, 수간에 깊이 빠져 들어갔다. 그리고 이런 관행이 고대 근동의 메소포타미아 문명권과 이집트 문명권에 동성 간의 성관계 특히 남성 간의 성관계를 퍼뜨리는 단초가 되었다고 추정할 수 있다. 이후 가나안 부족은 성적 일탈 행위의 온상이 되었다. 가나안 지역에 남자 간의 성관계가 있었다는 사실은 열왕기상 14장 24절에 "그 땅에 또 남색하는 자가 있었고"라는 표현을 통해 알 수 있다. 레위기 18장 3절은 "너희는 너희가 거주하던 땅 애굽 땅의 풍속을 따르지 말며 내가 너희를 인도할 가나안 땅의 풍속과 규례도 행하지 말고"라고 말한 후에 애굽 땅과 가나안 땅의 풍속의 중요한 사례들을 레위기 18장 6절에서 23절까지 열거하고 있다. 이 사례들은 모두 성생활과 관련된 것들이다. 레위기 20장 23절에서 "내가 너희 앞에서 쫓아내는 족속의 풍속을 따르지 말라"고 말하고 있는데, 여기서 말하는 "내가 너희 앞에서 쫓아내는 족속"은 가나안 부족을 말하는 것이므로 이 풍속은 가나안 부족의 풍속이다. 레위기 20장은 가나안 부족의 왜곡된 다양한 풍속들을 열거하고 있는데, 그중 10절부터 21절에 성생활과 관련된 것들이 나온다. 애굽과 가나안의 왜곡된 성생활 풍습은 세 가지이다. 그 세 가지 중 가장 많이 언급되는 것은 근친 간의 성관계이고, 다른 두 가지는 남자들 사이의 성관계와 짐승과의 성관계이다.

고대 근동에 나타난 동성애

함으로부터 시작된 남성 동성 간의 타락한 성교관행은 고대 근동 문명권인 메소포타미아 문명권과 이집트 문명권에 급속하게 퍼져 나갔다. 주전 2000년경에 등장한 메소포타미아의 법전인 중기 앗시리아 제국법에 보면, 남성 간의 성관계 때문에 발생한 법정 소송 사건을 다룬 두 개의 판례가 있다.

> **판례 1** "어떤 남자(귀족)가 같은 귀족 계급의 남자 동료가 많은 남자들과 지속적으로 성관계를 가졌다는 소문을 퍼뜨렸다. 이 남자가 이 소문이 진실임을 입증하지 못하면 명예훼손죄로 곤장 50대, 1년 동안 왕을 위하여 일하는 것, 거세당함, 납 1달란트를 지불하는 벌을 받는다."

이 판례는 동성애 그 자체를 다루지 않고 명예훼손죄를 다루고 있다. 그러나 동성애에 대해서도 두 가지 중요한 정보를 제공한다. 첫째로 이 판례는 당시 앗시리아 안에서 동성애가 성행하고 있었음을 보여준다. 둘째로 어떤 남자가 동성 간의 성관계를 했다는 소문을 퍼뜨린 것이 명예훼손 사유가 된다는 말은 동성 간의 성관계가 사람들에게 잘못된 행위로 인식되고 있었음을 뜻한다.

> **판례 2** "어떤 남사(귀족)가 남자 동료와 성관계를 가졌는데, 그의 행동이 사실로 확인되면 사람들이 그 남자와 동성 간의 성관계를 가지고 거세시키는 벌을 받는다."

이 판례는 남성 동성 간의 성관계가 사회적 범죄로 인식되고 있었음을 보여준다.

주전 7세기 이전 어느 시점의 문서로 알려져 있는 바벨론의 예언 문서(omen text)인 숨마 알루에 보면 38개의 예언이 나오는데, 이 가운데 다섯 개가 남자 동성 간의 성관계와 관련된 것들이다. 다섯 개의 예언 가운데 두 개는 동성애에 대하여 긍정적으로 말한다.

예언 1 "남자가 남자 동료를 대상으로 하여 뒤에서 성교(항문성교)를 하면 그는 그의 동료들과 형제들을 다스리는 자가 된다."
이 예언이 우리에게 알려주는 정보는 남성 간의 성관계에서 삽입하는 행위는 삽입당하는 자를 힘으로 지배하는 것을 뜻하는 것으로 인식되었다는 것이다.

예언 2 "남자가 남자 성전 창부(assinu)와 성관계를 가지면, 가혹한 운명(근심이나 환난)이 그를 떠날 것이다."
이 예언은 남성 간의 성관계에서 삽입하는 행위는 가혹한 운명을 물리치는 주술과 같은 행위로 인식되었음을 보여준다.

다섯 개의 예언 가운데 세 개는 동성애에 대하여 부정적으로 말한다.

예언 3 "남자가 궁정 시종(gerseqqu)과 성관계를 가지면 공포스러운 일이 1년 내내 그를 사로잡았다가 떠난다."

예언 4 "남자 창부처럼 남자들과 성관계를 갖기를 원하는 감옥 안의 남자(허가증 없이 남자 창부의 역할을 하는 남자)에게는 가혹한 운명이 기다리고 있다."

예언 5 "집에서 태어난 남자 노예와 성관계를 가지는 남자에게는 가혹한 운명이 기다리고 있다."

이 예언들은 남성 간의 성관계가 삽입하는 입장이든 삽입당하는 입장이든 간에 액운을 가져다주는 것으로 간주한다.

주전 7세기경의 문서로 알려진 주문 연감은 여자에 대한 남자의 사랑, 남자에 대한 여자의 사랑, 남자에 대한 남자의 사랑을 모두 호의적으로 언급하고 있다. 이 언명은 고대 근동에서 남성 간의 성관계가 상하권력 관계 안에서뿐만 아니라 사람들 사이에서도 일반화되어 있었음을 보여준다.

메소포타미아 문명의 신화에서도 동성애는 광범위하게 나타난다. 길가메쉬 신화에 등장하는 이난나(inannna, 수메르어) 혹은 이쉬타르(Ishtar, 앗수르어)는 후일 비너스와 동일시되는 여신인데, 양성애적 특징을 지니고 있었으며, 남창이 사제의 역할을 했다.

신화인 '이난나(혹은 이쉬타르)의 하계강하(下界降下)'에 보면 남창들은 여신이 하계로부터 해방되도록 도운 것으로 되어 있다. 남창들은 질병이나 기타 곤경에서 사람들을 구원해내고, 대적을 물리치며, 성공을 가져오는 마술적 능력을 가지고 있는 것으로 간주되었다. 그들은 여자처럼 옷을 입고, 화장을 하고, 여성성의 상징인 물렛가락을 들고 황홀경의 춤을 추면서 거세의식을 거행했다. 여신은 이들을 '남자인 동시에 여자' 혹은 '개인 동시에 여자'로 전환시켰다. 남창들은 돈을 받고 남성 성기를 받아들이는 여성 역할을 하면서 항문성교를 했다. 남창과 성교를 가진 남자는 이 성교를 통하여 여신의 능력에 접근할 수 있는 것으로 간주되었다.

그러나 역설적이게도 일상의 삶에서 남창들은 심한 멸시를 당했고, 개라는 별칭으로 불렸다. 개라고 불린 이유는 성교 시에 남자의 성기를 받아들이는 자세가 개와 같았기 때문이다. 남창들은 엔키 신(神)의 손톱 밑에 있는 때를 재료로 지음 받은 것으로 폄하되었고, '깨어진 항아리'에 비유되었다. 그들은 도시의 쟁기(남근을 상징)를 가지고 얻은 빵을 먹고 살고, 도시의 하수구에서 물을 마시고, 술주정뱅이와 목마른 자들에게 뺨 때림을 당하는 자들로 간주되었다.

고대 이집트에서도 동성애가 언급되고 있다. 고대 이집트의 관문서들(coffin texts)에 보면, 남자 신들을 포함하여 신들이 태양신 레(Re)의 음경을 삼킬 것이라는 표현이 등장하는데, 이는 남성 간의 성관계를 묘사한 것이다. 또한 땅 신 겝(Geb)의 음경은 그의 상속자이자 아들의 두 엉덩이 사이에 있다는 묘사가 나오는데, 이 묘사 역시 남성 간의 성행위를 가리킨다. 특히 남성 간의 성관계에서 삽입하는 행위는 신이 가하는 해도 두려워하지 않는 용맹을 뜻하는 것으로 간주되었다. 이 신화에 나오는 다음과 같은 구절이 이런 관점을 반영한다. "아툼 신이 나를 주관하지 못한다. 왜냐하면 내가 그의 두 엉덩이 사이에 삽입했기 때문이다."

뉴세레(Niusere, 주전 2600년경) 시대의 두 미조사(美爪師, manicurist)와 미용사들의 무덤에 있는 그림에는 두 남자가 손을 잡고, 껴안고, 코를 만져주는 장면이 나온다. 또 이크나톤(Ikhnaton)은 벌거벗은 모습으로 그의 사위이자 섭정인 스멘카레(Smenkhare)의 턱을 쓰다듬고 있는데, 이 묘사도 남성 간의 성행위를 묘사한 것이다. 후기 헤라클레오폴리탄 비문(the Heracleopolitan inscription)에는 "삽입하는 성인과 받아들이는 청년 간의 동성 성교행위는 비난받을 만한 것으로서 형사기소의 대상이 된다"라는 문구가 있다.

'사자의 서'(주전 15세기경)에 보면 죽은 자가 자기 자신을 변호하면서 하는 고백 안에 이런 내용이 들어 있다. "나는 나 자신을 더럽히지 않았다. 나는 남자 연인과 성관계를 갖지 않았다." 에드푸 비문(the Edfu inscriptions)에는 여성화된 겁쟁이 혹은 수동적인 남자 성관계 파트너와 결혼하는 것을 금지하는 조항이 있다. 이처럼 남자 성관계에서 능동적인 역할을 하는 자도 정죄당했다.

'호루스(Horus)와 셋(Seth)의 신화'(주전 1160년경)에는 호루스와의 동성관계에서 남자의 역할을 한 셋이 호루스가 잠든 사이에 호루스의 두 엉덩이 사이에 사정을 했고, 이때 신들이 크게 비명을 지르고 트림을 하면서 호루스의 얼굴에 침을 뱉었다는 기록이 있다. 호루스는 정액을 셋의 음식에 섞어 넣는 방법으로 응수했다. 호루스는 상추를 먹고 나서 셋의 항문에 사정을 했다. 호루스가 상추를 먹은 이유는 상추의 즙이 정액을 뜻한다고 믿었기 때문이었다. 남성 성관계에서 수동적인 입장에 있는 자는 수치를 당하는 자로 여겨졌다.

지금까지 소개한 고대 근동에 나타난 동성애에 대하여 평가해보자.

첫째, 고대 근동에서는 주로 남자들 간의 성관계가 언급되어 있고 여성들 간의 성관계에 대해서는 언명이 없다.

둘째, 남자들 관계에서 일반적인 성관계가 나타났다. 그중에서도 특히 권력을 가진 남자들이 자기 권력 밑에 있는 남자들과 성관계를 가지는 일이 빈번하게 일어났다.

셋째, 남자들 간의 성관계에 대한 평가는 일관성이 없다. 한편으로는 남자들 간의 성관계를 긍정적으로 평가하는 관행이 있었다. 남자들 간의 성관계는 신들과 만나는 통로로 인식되었고, 행운을 가져다주는 행위로 간주되었으며, 특히 삽입하는 행위는 상대방을 힘으로 지배하는 행위로 해석되었다. 그러나 다른 한편으로 남자들 간의 성관계는 사회적 범죄로 간주되었다. 따라서 남자들 간의 성관계를 한 사람은 일정한 형벌을 받아야 했다. 대표적인 형벌은 거세시키는 것이었다. 이는 남성 간의 성관계를 행한 자에 대하여 사형을 집행할 것을 명령하고 있는 레위기 20장 13절의 명령과 대조된다. 특히 삽입을 당하는 것은 매우 수치스러운 일로 간주되었다. 남성 창부는 이방신전에서 신과 교통하는 통로로서 매우 중요한 역할을 했으나 신전 밖의 일상의 삶 속에서는 경멸의 대상이 되었다.

창세기 19장의 '소돔과 고모라 사건'

이제 동성애에 깊이 빠져 있다가 하나님으로부터 멸망 혹은 엄중한 징벌을 받은 구약의 사건 가운데 창세기 19장의 소돔과 고모라 멸망 사건을 들여다보자.

노아의 세 아들 가운데 함이 아버지 노아와 동성 간의 성행위를 했다고 볼 수 있는 정황이 있고, 이 때문에 함의 아들 가나안이 노아로부터 저주를 받았으며, 향후 가나안 부족은 동성애, 근친상간, 수간 등과 같은 온갖 형태의 성적 일탈행위의 온상이 되었다. 가나안 부족의 성적 일탈행위가 기장 극석으로 나타난 사건이 바로 소돔과 고모라 사건이다. 창세기 10장 19절에 보면 "가나안의 경계는 시돈에서부터 그랄을 지나 가사까지와 소돔과 고모라와 아드마와 스보임을 지나 라사까지였더라"는 언명이 나오는데, 이를 통해서 소돔과 고모라가 가나안의 경계 안에 들어 있음을 볼 수 있다.

소돔과 고모라 멸망 사건은 전통적으로 동성애 때문에 하나의 도시국가 전체가 멸망했음을 보여줌으로써 동성애에 대한 경각심을 일깨워주는 사건으로 의문의 여지가 없이 받아들여져 왔다. 그러나 이런 해석에 마음이 불편했던 친동성애 진영에서는 이 사건에 대하여 무리한 해석을 감행하여 이 사건을 동성애와는 아무런 상관이 없는 사건으로 둔갑시켜버렸다.

첫째, 친동성애 진영에서는 소돔과 고모라가 나그네를 환대하도록 되어 있는 법을 지키지 않은 것이 소돔과 고모라의 멸망의 이유라고 주장했다. 예컨대 창세기 18장에서 아브라함이 천사들을 환대한 것과는 대조적으로 소돔성은 나그네를 환대하지 않았다는 것이다.

둘째, 친동성애 진영에서는 창세기 19장 5절에 사용된 히브리어 동사 '야다'의 주된 의미는 상대방과 친숙해지기 위하여 상대방이 어떤 사람인가를 일반적으로 알아본다는 것을 뜻하며, 성관계를 의미하는 용례로 사용된 경우는 매우 드물기 때문에, 창세기 19장의 '야다'도 친숙해지기 위하여 상대방에 대한 정보를 얻는다는 뜻으로 해석하는 것이 자연스러운 해석이라고 주장한다.

셋째, 친동성애 진영에서는 소돔과 고모라의 멸망에 대하여 말하고 있는 에스겔서 16장 49절에서 소돔의 죄목 가운데 하나로 "가난하고 궁핍한 자를 도와주지 않은 것"이 제시된 것을 근거로 하여 소돔이 멸망한 이유는 동성애 때문이 아니라 경제적으로 가난한 자들을 돌보지 않은 것 때문이라고 주장한다.

넷째, 이들은 특히 이사야 1장 7-17절에서 이사야가 소돔의 관원들에 빗대어 유다의 관원들의 죄를 지적하는 내용 중에 선행을 하지 않은 것, 정의를 구하지 않은 것, 학대받는 자를 도와주지 않은 것, 고아를 위하여 신원하지 않은 것, 과부를 위하여 변호하지 않은 것만 열거하고 있을 뿐, 동성애에 대한 언명이 없다는 점을 강조한다.

그러나 이와 같은 해석은 본문을 주의 깊게 살펴보면 곧 그 허점이 드러난다.

첫째, 소돔성이 나그네로서 소돔을 방문한 천사들을 환대하지 않았다는 주장은 사실이 아니다. 비록 외지인이지만 롯은 소돔성의 거주자로서 천사들을 만나자마자 곧바로 극진한 예우를 갖추어 집안으로 맞아들여 숙식을 제공했다. 이것이 바로 소돔성이 나그네로 방문한 천사들을 환대한 것이 아니고 무엇이겠는가? 더욱이 소돔성이 나그네를 환대했다는 사실은 예수님이 공식으로 인정한 사실이다. 예수님은 70명의 제자들을 전도자로 파송하시면서 그들을 영접하지 않는 동네의 죄가 얼마나 큰가를 설명하시며 마지막 심판의 날에 소돔이 이 동네보다 견디기 쉬울 것이라고 하셨는데(눅 10:10-12; 마 10:14-15), 그 이유는 적어도 소돔은 나그네로 소돔성에 들어온 천사들을 영접했기 때문이라는 점을 지적하셨다. 이처럼 예수님이 친히 롯이 천사들을 영접한 것을 소돔성이 나그네를 영접한 것으로 간주하셨는데, 우리들이 소돔성이 나그네를 영접하지 않았다고 고집스럽게 우김으로써 예수님의 해석에 반기를 들어서야 되겠는가?

둘째, 우리말로 '알다'로 번역된 히브리어 '야다'라는 동사의 주된 용법이 일반적인 의미에서 친숙해지려는 목적으로 상대방을 아는 것을 의미하고, 성관계를 뜻하는 용어로 사용되는 경우가 드문 것은 사실이다. 그러나 어떤 단어가 여러 가지 의미를 가지고 있는 경우에 그 단어의 의미는 상황과 문맥 안에서 결정되어야 한다. 다수의 용법이라고 해서 상황과 문맥을 무시하고 일방적으로 모든 경우에 적용될 수 있는 것은 아니다. 창세기 19장의 문맥은 명확하게 '야다'가 성관계를 뜻하는 용어로 사용되었음을 뒷받침한다.

우선 창세기 19장 4절에 보면 "그 성 사람 곧 소돔 백성들이 노소를 막론하고 원근에서 다 모여 그 집을 에워싸고"라고 되어 있다. 우리말 번역에는 "사람", "백성"으로 번역되어 남성과 여성이 모두 포함된 개념으로 되어 있고, 이 번역도 틀린 번역은 아니지만, 히브리어 원문에는 두 경우 모두 '아나쉐'라는 동일한 단어를 쓰고 있다. '아나쉐'는 '이쉬'의 복수형인데, 이쉬는 여자인 '이쉬아'와 대조되는 남자를 뜻한다. 그러므로 '아나쉐'는 '남자들'로 번역되어야 한다. 그러므로 "그 성 사람 곧 소돔 백성들"은 "그 성 남자들, 곧 소돔의 남자들"이라고 번역하는 것이 더 정확하다. 그러면 본문이 동성애 관련 사건이라는 점이 보다 분명해진다. 소돔성의 남자들이 노소를 불문하고 다 모여들었다는 것은 소돔성에 동성애가 얼마나 편만하게 퍼져 있었는가를 암시한다.

계속되는 5절에서 소돔성 남자들은 롯의 집에 들어온 천사들을 끌어낼 것을 요구하면서 자신들이 천사들을 "상관하겠다"(야다)라고 말한다. 우선 여기서 그냥 평범하게 누구인지 알아보기 위하여 모든 소돔성 남자들이 모여들었다는 것도 말이 되지 않는다. 나그네에 대하여 몇 사람 정도는 단순하게 호기심을 가질 수 있겠지만 소돔성 남자들 전체가 관심을 가진다는 것은 너무 어색하다. 또 일반적인 정보를 얻기 위하여 집 안에 들어온 나그네를 강제로 끌어낼 것을 요구하는 것도 정황에 어울리지 않는다. 친숙해지기 위하여 어디서 왔으며, 어느 부족 출신인가 하는 정도의 일반적인 정보를 얻으려고 사람을 강제로 끌어낸다는 것은 말이 되지 않는다. 강제로 끌어낸다는 것은 특별한 비상사태가 벌어지고 있음을 암시한다.

소돔성 남자들의 요구에 대하여 롯이 취한 조치도 그들이 호의적으로 안면을 트고 싶다는 요구를 한 것이 아님을 강력하게 뒷받침한다. 롯은 자기 집에 들어온 나그네들을 무리에게 내어주어서는 안 된다는 생각을 확고히 가지고 문밖에 나가서 문을 닫아걸었다(창 19:6). 그리고 7절에서 이렇게 말한다. "이르되 청하노니 내 형제들아 이런 악을 행하지 말라."

우리말 번역은 롯이 상당히 점잖게 말한 것으로 되어 있으나 원문은 롯이 아주 다급하고 절박한 마음으로 소리쳤다는 것을 잘 보여준다. 원문을 직역하면 "안 돼요! 정말로! 나의 형제들이여! 이런 악을 행해서는 안 돼요!"이다. 롯은 소돔성 남자들이

성경이 말하는 동성애 **41**

행하고자 하는 행동이 결코 행해서는 안 될 비상한 '악행'임을 분명히 알고 있었다. 롯의 이와 같은 반응이 나그네와 친숙해지려고 하는 사람들에게 보여주는 반응으로 적합한가?

본문 5절의 '야다'가 '성교를 갖다'는 것을 의미한다는 것을 확정지어주는 내용은 8절에 나온다. "내게 남자를 가까이 하지 아니한 두 딸이 있노라 청하건대 내가 그들을 너희에게로 이끌어 내리니 너희 눈에 좋을 대로 그들에게 행하고 이 사람들은 내 집에 들어왔은즉 이 사람들에게는 아무 일도 저지르지 말라."

우선 본문에서 "내게 남자를 가까이 하지 아니한 두 딸"이라는 표현이 나오는데, 이 표현은 "두 딸이 남자와 성관계를 가지지 않았다"라는 뜻임이 이론의 여지없이 명확하다. 여기서 '가까이하다'에 해당하는 히브리어 원어 동사가 5절에서 사용된 것과 동일한 동사 '야다'이다. 이 구절에서는 명확히 '성관계를 갖다'는 뜻으로 사용되었다.

소돔성에 살면서 소돔성 남자들의 관습을 이미 파악하고 있던 롯은 무리들이 몰려든 이유가 자기 집에 들어온 나그네와 동성 간의 성관계, 좀 더 정확히 표현하면 남성 간의 강간을 하고자 함인 줄을 직감하고, 심각한 위기의식을 느끼면서 어떻게 해서든지 이를 막아보려고 안간 힘을 썼다. 롯은 남자와 성관계를 가진 일이 없는 두 딸을 소돔성 남자들의 성욕을 충족시키는 대상으로 희생시키면서까지 자기 집에서 동성 간의 성관계가 일어나는 것을 막으려고 발버둥쳤다.

그러나 소돔성 사람들은 롯의 제안을 거부하고 롯이 자신들의 법관이 되려고 한다는 비판을 퍼부으면서 롯의 집 문을 부수고 집 안으로 들어오려고 시도했다(창 19:9). 소돔성 남자들의 동성애 관행을 확인한 천사들은 롯을 대문 안으로 끌어들인 후에, 롯의 집 문 앞에 모여든 소돔성 남자들의 눈을 어둡게 하는 것으로 소돔성 파멸 작업에 시동을 걸었다.

셋째, 친동성애주의자들은 소돔과 고모라가 사회적 불의, 곧 가난한 자를 도와주지 않은 죄 하나 때문에 멸망했다고 해석한다. 그들이 이렇게 해석하는 근거는 에스겔서 16장 49절과 50절이다. "[49]네 아우 소돔의 죄악은 이러하니 그와 그의 딸들에게 교만함과 음식물의 풍족함과 태평함이 있음이며 또 그가 가난하고 궁핍한 자를 도와 주지 아니하며 [50]거만하여 가증한 일을 내 앞에서 행하였음이라 그러므로 내가 보고 곧 그들을 없이 하였느니라." 특히 이사야는 유다와 예루살렘의 관원들을 소돔의 관원들에 빗대어 비판하면서 이들이 범한 죄를 열거하고 있는데, 이 가운데 선행을 하지 않고, 정의를 시행하지 않으며, 학대받는 자를 도와주지 않고, 고아를 위하여 신원하지 않고, 과부를 위하여 변호하지 않은 것이 포함되어 있음을 암시하고 있다. 친동성애주의자들은 이 본문을 근거로 하여 소돔성을 멸망으로 이끈 죄는 사회적 약자를 돌보지 않은 죄 하나라고 결론을 내린다. 그러나 이 해석은 친동성애주의자들이 동성애를 정당화하기 위하여 성경본문을 자의적이고 편향적으로 이용한 것이며, 동시에 학문적으로도 정직하지 못한 것이다.

우선 일부 친동성애주의자들은 에스겔서를 근거본문으로 인용할 때 가난하고 궁핍한 자를 도와주지 않은 죄를 말하고 있는 49절만을 인용하고, 다른 죄도 아울러 거명하고 있는 50절을 의도적으로 외면하고 인용하지 않는다. 50절을 인용하면 자신들의 주장을 밀어붙이는 데 불리하기 때문이다.

또한 일부 친동성애주의자들은 49절의 "가난하고 궁핍한 자를 도와주지 아니하며"라는 어구와 50절의 "가증한 일"을 동격으로 처리한다. 그래서 50절의 가증한 일은 가난하고 궁핍한 자를 도와주지 않은 것이라고 말한다. 그러나 이 해석은 구문론적으로 성립할 수 없다.

가장 간단하게 지적할 수 있는 것은, 49절과 50절을 연결하고 있는 히브리어 접속사 '웨'는 병렬 접속사로서 '웨' 앞의 내용과 뒤의 내용은 동격이 아니라 별개의 것을 지칭한다는 구문론적인 상식이다. "가난하고 궁핍한 자를 도와주지 않은 것"과 "가증한 것"은 서로 다른 별개의 사항이다. 소돔성의 죄목 가운데 "가난하고 궁핍한 자를 도와주지 않은 죄"가 있고, 이와 함께 "가증한 죄"가 또 있는 것이다.

좀 더 정확하게 말한다면, 49절과 50절은 소돔성의 죄는 이 두 가지 말고도 더 있다는 사실을 보여준다. 49절과 50절은 네 가지 유형의 죄목을 소돔성의 죄목으로 지적한다. 결론부터 말하면 이 죄목들은 모두 통합되어 있고, 동성애라는 최종점을 향하여 모이는 구조로 되어 있다. 49절과 50절을 분석해보면 다음과 같다.

- 49절 : 교만함 → 음식물의 풍족함과 태평함 → 가난하고 궁핍한 자를 도와주지 아니함
- 50절 : 거만함 → 가증한 일

49절이 교만함(가온)으로 시작되고, 50절이 거만함(가바흐)으로 시작되고 있는데, 이 두 단어가 의미상 동의어적이다. 즉 모두 자기를 높이는 태도를 뜻한다. 이 두 단어는 종교적인 죄를 뜻하는 단어로서 하나님이 아닌 자신을 자기 삶의 중심에 두는 태도이며, 하나님이 세우신 법을 따르지 않고, 자기 스스로가 고안해낸 법을 따르는 태도를 의미한다.

이처럼 하나님 대신 자기를 숭배하고, 하나님의 법 대신 자기의 법을 따르는 수직적인 종교적 죄를 범하면, 필연직으로 수평적인 인간관계도 왜곡될 수밖에 없다. 49절은 왜곡된 인간관계 가운데 돈과 관련된 사회경제적인 죄가 나타났음을 말하고 있고, 50절은 성과 관련된 죄가 나타났음을 말하고 있다. 종교적으로 타락하면 돈 문제에서 타락하게 되고, 동시에 성 문제에서도 타락하게 된다.

또한 49절은 종교적으로 타락한 이스라엘 백성들에게 나타난 돈과 관련된 사회경제적 죄목으로서 두 가지를 예시하고 있다.

하나는 "음식물의 풍족함과 태평함"이다. 소돔과 고모라가 있던 소알 지역은 주변 지역들과 비교해볼 때 비옥하고 풍요로운 땅이었다. 이 지역은 아브라함과 롯이 양 떼를 위한 목초지 문제로 갈등을 겪다가 갈라설 때, 롯이 미련 없이 아브라함을 떠나 선택할 만큼 물이 넉넉하여 여호와의 동산 같고 애굽 땅과 같은 곳이었다(창 13:10). 이 지역 사람들은 풍요로운 땅으로부터 얻은 부를 가지고 자신들의 이기적인 탐욕을 충족시키는 사치스러운 생활에 빠져 있었다.

소돔성 인근 지역 사람들은 풍부한 산물을 얻었으면 그것을 가지고 가난하고 궁핍한 자들을 돌보아야 마땅했다. 그러나 탐욕에 물든 부자들이 항상 그렇듯이, 이들은 수전노가 되어 가난하고 궁핍한 자들을 돌보지 않았다. 돈이라는 것이 참 신기해서 돈이 많이 들어오면 들어올수록 그 돈을 가지고 할 수 있는 일의 종류도 늘어나게 되어 있다. 들어오는 돈의 액수보다 할 수 있는 일의 종류가 항상 더 빠른 속도로, 더 많이 늘어나게 되어 있다.

이때 마음을 어떻게 가지는가가 중요하다. 늘어나는 재산을 바른 일에 쓰겠다고 결심하면 바른 일의 가짓수가 거의 무한대로 늘어나서 바른 일에 제대로 쓰기 위하여 한층 더 절약하게 된다. 예컨대 가난한 사람들을 돕겠다는 마음을 가지고 주위를 바라보면 도와야 할 가난한 사람들이 너무나 많고 들어오는 돈은 적어서 절약하지 않을 수 없게 된다. 이 때문에 사람들을 많이 돕고 좋은 일에 헌신하는 부자들이 개인적으로는 철저한 절약생활을 한다.

이와는 대조적으로 늘어나는 재산을 자기 욕심을 채우고 즐기는 일에 쓰겠다고 마음먹으면 즐길 거리가 무한하게 늘어나서 이것들을 다 즐기려면 돈이 항상 모자라게 되고, 따라서 인색한 수전노가 되어버린다. 그런 부자는 즐길 거리를 위해서는 돈을 펑펑 쓰지만, 의미 있는 일에는 깍쟁이가 된다. 소돔과 고모라 지역의 부자들이 자기 욕심을 채우는 일에는 펑펑 쓰면서 가난한 자들에 대하여는 수전노가 된 자들이었다. 이것이 소돔과 고모라 거주민들이 범한 죄였다.

또한 50절은 종교적으로 타락한 이들이 범한 또 하나의 죄를 지적하고 있는데, 그것은 "가증한 일"을 행한 것이었다. 50절이 말하는 "가증한 일"은 49절이 말하는 사회경제적인 죄와는 다른 종류의 죄이다. "가증한 일"로 번역된 히브리어 '토에바'는 '혐오스러운 일'로서 레위기 18장 22절과 20장 13절에서 남성 간에 이루어지는 항문성교를 평가하는 용어로 사용되었다. "너는 여자와 동침함 같이 남자와 동침하지 말라 이는 '가증한 일'(토에바)이니라." "누구든지 여인과 동침하듯 남자와 동침하면 둘 다 '가증한 일'(토에바)을 행함인즉 반드시 죽일지니 자기의 피가 자기에게로 돌아가리라." 이것이 '토에바'의 가장 표준적인 용법이다.

물론 에스겔 선지자는 "가증한 일"이라는 말의 의미를 확대하여 동성애가 아닌 다른 성적 일탈행위를 가리킬 때도 이 단어를 사용했고(이웃의 아내를 범한 행위, 겔 22:11; 33:26), 강포, 살인, 산 위에서 제물을 먹는 우상숭배, 가난하고 궁핍한 자를 학대하는 것, 강탈, 빚진 자의 저당물을 돌려주지 않음, 변리를 꾸어주거나 이자를 받는 등의 행위에 대해서도 "가증한 일"이라는 단어를 적용하고 있다(겔 18:10-13). 그러나 에스겔 16장 49-50절의 문맥에서는 가난하고 궁핍한 자를 돌보지 않은 죄는 별개의 사건으로 이미 언급되어 있기 때문에 "가증한 일"은 그것과는 다른 죄임이 분명하다. 게다가 이미 지적한 것처럼 49절과 50절은 병렬접속사로 연결되어 있어서 접속사 앞에 있는 내용(가난하고 궁핍한 자를 도와주지 않은 죄)과 뒤에 있는 내용(가증한 일)을 동격으로 처리할 수 없다. 더욱이 본문은 소돔 멸망 사건을 다루고 있다. 이런 점 등을 고려할 때 에스겔 선지자는 소돔 멸망 사건을 레위기의 율법의 빛 안에서 해석하고 있다는 것이 본문에 대한 가장 정확한 해석이다.

넷째, 친동성애주의자들은 이사야 1장 7-17절에서 이사야가 소돔의 관원들에 빗대어 유다의 관원들의 죄를 지적할 때 가난한 자 등을 학대하는 사회경제적 죄는 지적했지만 동성애를 죄로 지적하지 않았다는 점을 들어서 동성애가 소돔성 멸망의 원인이 될 수 없다는 주장을 전개했다. 그러나 이사야 1장에 동성애를 소돔의 죄로 열거하지 않았다는 사실이 소돔성 남자들이 동성애를 행하지 않았다는 것을 의미하는 것은 아니다. 이사야가 소돔성 사람들의 죄악을 모두 남김없이 열거한 것은 아니기 때문이다. 이사야는 소돔성 사람들이 지은 많은 죄 가운데 생각나는 대로 한 가지 유형만 지적한 것뿐이다. 이사야서에 사회경제적 죄만 나오고 동성애에 대한 언급이 나오지 않으므로 동성애는 소돔성의 죄가 아니라는 논리를 따르게 되면, 소돔성 멸망의 죄로서 성적 일탈행위만을 언급한 다른 성경을 읽을 때는 가난한 자를 학대한 사회경제적 죄는 소돔의 죄가 아니라는 결론도 내려야 하는 모순에 직면한다.

예컨대 유다서 7절은 소돔성 멸망의 원인이 음란한 행동 때문이며, "다른 육체를 따라간" 행동 때문이라고만 말할 뿐, 가난한 자를 학대한 죄는 거론하지 않는다. 본문에서 말하는 육체(사륵스)는 문맥상 '성적 욕구'를 뜻한다. "다른 육체"는 '다른 성적 욕구'라는 뜻이다. '다른 성적 욕구'는 하나님이 정해주신 이성애적 욕구가 아닌 동성을 향한 욕구를 지칭한다. 유다서 7절은 소돔성의 멸망이 동성애 때문임을 지적하며, 베드로후서 2장 6-10절에서는 소돔성의 멸망이 "무법한 자들의 음란한 행실", "육체를 따라 더러운 정욕 가운데서 행함" 때문임을 분명히 한다. 무법한 자들은 하나님의 법을 따르지 않는 자들을 뜻하는데, 하나님이 정해 놓으신 이성애의 질서를 따르지 않고 동성애의 질서를 따르는 것을 함의하고 있으며, 또한 이들의 행동을 "더러운 정욕"이라고 강한 어조로 표현한 대상으로는 동성애가 가장 적절하다. 1세기의 철학자 필로와 역사가 요세푸스는 소돔과 고모라가 범한 죄들을 지적하면서 이 죄들 가운데 가장 크게 하나님의 분노를 일으킨 죄는 동성애임을 분명히 하였다.

결론적으로 말해서 소돔성이 멸망한 죄의 핵심에는 동성애가 자리 잡고 있으며, 더욱이 롯의 집 대문 앞에서 일어난 사건은 명확하게 동성애 관련 사건이다. 좀 더 구체적으로 말하면 소돔성의 남자들이 롯의 집에 들어온 나그네들을 상대로 동성 간의 강간을 범하고자 했으며, 이 행위를 확인한 천사들이 소돔과 인근 성읍인 고모라에 동성 간의 성행위가 만연해 있음을 확인하고 이 성들을 파괴시키는 작업에 들어간 것이다.

소돔성 멸망 사건이 우리에게 주는 교훈은 무엇일까? 소돔성은 이방인들로 구성된 작은 도시 국가였다. 크기는 작아도 소돔은 하나의 국가였다. 이방국가인 소돔성이 동성애가 편만한 국가가 되었고 이 때문에 멸망했다는 사실은 오늘날 우리 한국이 동성애를 정당화하는 국가로 전락한다면, 소돔성이 밟았던 전철을 밟을 수 있음을 경고하고 있다. 소돔성은 하나님으로부터 불의 심판을 받아 멸망했는데, 원래 불의 심판은 종말의 날에 세상을 심판하시는 방법으로 하나님이 유보해 두신 심판의 방법이다. 그런데 동성애는 하나님이 종말의 날에 사용하시기로 유보해 두신 불의 심판을 앞당겨서 시행하실 만큼 심각하게 생각하시는 죄이다. 바로 이것이 우리 대한민국에서 동성애가 합법화되는 것을 막기 위하여 우리가 사력을 다해 싸워야 하는 이유이다. 왜냐하면 국가가 동성애에 장악당하면 우리 기독교인들을 포함하여 국가 전체가 하나님의 불의 심판의 사정권 안에 들어가기 때문이다.

　세 천사가 소돔성에 진입하기 전에 아브라함을 만난 사건을 우리는 잘 알고 있다. 이 세 천사 가운데 한 천사는 여호와 하나님이었다. 여호와 하나님은 아브라함에게 소돔성 심판계획을 밝히신다. 천사들로부터 소돔성 심판계획을 통보받은 아브라함은 두 천사가 소돔성을 향하여 떠나고 여호와 하나님만 남았을 때 하나님과 담판에 들어간다. 아마도 아브라함은 소돔성에 살고 있던 조카 롯의 안위가 염려되었던 것 같다. 아브라함은 의인 50명이 있을 경우에 그 의인 50명을 악인과 함께 멸망시키는 것이 부당하다고 항의했고, 여호와 하나님의 동의를 받아냈다. 소돔성에서 의인 50명을 발견할 자신이 없던 아브라함은 45명, 30명, 20명, 10명까지 의인의 숫자를 낮추었는데, 마침내는 의인 열 명이 있으면 소돔성을 멸망시키지 않으시겠다는 약속을 받아냈다. 소돔성에 의인 열 명만 있었다면 소돔성은 멸망을 피할 수 있었다. 소돔성이 멸망한 이유는 의인 열 명이 없었기 때문이다. 이 말을 좀 더 구체적으로 말하면, 동성애를 명확하게 반대하고 선지자적인 입장에서 비판하는 하나님의 사람 열 명이 소돔성에 있었다면 소돔성의 멸망을 막을 수 있었다는 것이다.

　하나님은 대한민국의 믿지 않는 국민들, 즉 정부 당국자들, 국회의원들, 법조인들, 언론인들, 동성애자들이나 친동성애자들이 동성애에 대하여 어떤 태도를 취하고 어떤 정책을 취하는가에 관심을 가지시기에 앞서 교회와 기독교인들이 동성애에 대하여 어떤 태도를 취하는가를 훨씬 더 중요하게 보신다. 하나님은 이렇게 물으신다. "그래, 믿지 않는 저 사람들은 그렇다 치고, 동성애에 대하여 하나님의 백성이라고 자부하는 너희들의 입장은 무엇이냐? 그것을 말해보라!"

한국교회의 전체적인 규모에 비교해볼 때 책임 있는 숫자의 교회와 기독교인들, 즉 하나님이 보시기에 소돔 안의 의인 열 명으로 간주해줄 수 있을 만큼의 교회와 기독교인들이 동성애에 대한 성경의 가르침을 타협함 없이 견지한다면, 이들 때문에라도 하나님은 대한민국에 내리는 심판을 유보하시고 대한민국을 살려주실 것이다. 그러나 이 숫자가 없으면 대한민국은 바로 하나님의 심판의 사정권에 들어가게 될 것이다.

사사기 19-20장 '레위인의 첩 사건'

성경은 동성애와 관련된 또 하나의 기괴한 사건을 보도하고 있는데, 이는 사사기 19장과 20장에 기록되어 있는 레위인의 첩 사건이다.

에브라임 산지 구석에 사는 어떤 레위 사람이 유다 베들레헴에서 첩을 맞아들였다. 오늘날로 말하자면 유다 베들레헴은 도시에 해당하고, 에브라임 산지 구석은 시골에 해당한다. 도시 분위기에서 자유분방하게 살다가 시골 촌구석에, 그것도 정실이 아닌 첩으로 온 이 여인은 시골 생활에 적응하지 못했던 것 같다. 이 여인은 바람을 피웠고, 그 사실이 발각되자 집을 도망 나와 친정집에 가서 머물렀다. 여기서 먼저 성전을 돌보게 하려고 하나님이 특별히 선별하신 레위 지파에 속한 남자가 첩을 얻었다는 사실에서 사사시대의 도덕적 타락을 엿볼 수 있다.

첩을 잊지 못한 레위 사람은 첩을 집으로 데려오려고 마음먹고 하인 한 사람과 나귀 두 마리로 여장을 꾸려 베들레헴에 있는 첩의 친정집으로 갔다. 첩의 아버지는 반갑게 사위를 맞이하였고, 사위는 장인의 간청에 못 이겨 떠나려던 발걸음을 두 번이나 미룬 다음, 세 번째 머물라는 간청을 뿌리치고 첩을 데리고 해가 기울 무렵에 길을 나선다.

그들은 길은 나선 지 얼마 되지 않아 후일 예루살렘이 될 여부스 근교에 도착했다. 레위 사람의 종은 여부스에 들어가 묵을 것을 제안했으나 이방인들이 사는 도시인 여부스에 들어가고 싶지 않던 레위 사람은 종의 제안을 거절하고 베냐민 지파가 관할하는 땅인 기브아로 가서 밤을 지내기로 결정한다. 레위 사람 일행이 기브아에 도착했을 때 해가 졌고, 레위 사람 일행은 광장에 앉아서 자신에게 나그네 환대관습에 따라 숙박을 제공할 사람을 기다렸다. 그러나 기브아의 베냐민 지파 사람들 중에는 레위 사람 일행에게 숙박을 제공하는 사람이 없었다. 다행하게도 레위 사람이 사는 지역인 에브라임 산지 출신으로서 기브아에 와서 농사를 지으며 살고 있던 한 노인이 광장에 있는 레위 사람 일행을 보았다. 레위 사람에게 어디서 왔으며, 어디로 가는 중인가를 확인한 노인은 그 일행을 집으로 영접해 들였고, 나귀와 일행에게 발을 씻도록 했으며, 이어 먹을 것을 제공했다. 레위 사람 일행은 즐거운 마음으로 쉴 수 있었다.

바로 이때 사건이 일어났다. 기브아 성읍의 불량배들이 노인의 집을 향하여 달려들었다. 우리말 성경에 있는 "에워쌌다"라는 표현은 '향하여 달려들었다'라고 번역할 수 있다. 그리고 문을 거칠게 두드리며, 노인에게 집으로 영접해 들여온 남자와 관계하겠다고 고집하면서 그를 끌어낼 것을 요구했다(삿 19:22). 여기 사용된 '관계하다'라는 동사는 소돔성에서 롯의 집 앞에 몰려든 소돔성 남자들이 나그네들을 "상관하겠다"라고 했을 때 사용한 동사와 같은 동사인 '야다'이다.

노인의 집 앞에 모여든 무리들이 단지 집 안에 들어온 나그네와 친숙해지기를 원하여 모여들었다는 주장은 무리가 노인의 집 앞에 찾아와 보여준 격렬한 행동과 전혀 조화되지 않는다. 집을 향하여 달려들었다거나, 문을 격렬하게 두드린 행동이 어떻게 단지 누구인가를 알아보고 싶어서 한 행동이 될 수 있겠는가?

그뿐만 아니라 무리가 동성애를 하려고 시도한 것이 아니라는 주장도 본문의 정황을 고려할 때 맞지 않는다. 우선 '관계하다'로 번역된 '야다'는 소돔성의 경우와 같이 이 본문에서도 앞뒤 문맥을 고려할 때 '성관계를 갖다'라는 뜻으로 해석할 수밖에 없다.

다음에 나오는 23절은 22절의 관계한다는 말이 "남성과 성관계를 갖는다"라는 뜻으로 해석될 수밖에 없음을 뒷받침한다. "집 주인 그 사람이 그들에게로 나와서 이르되 아니라 내 형제들아 청하노니 이 같은 악행을 저지르지 말라 이 사람이 내 집에 들어 왔으니 이런 망령된 일을 행하지 말라." 우리말 번역은 집주인이 매우 얌전하고 점잖게 예의를 갖추어서 답변한 것으로 되어 있다. 그러나 이런 얌전한 번역은 원문의 정황을 제대로 전달하지 못한다. 소돔성의 롯이 보인 반응처럼, 노인도 아주 심각한 사태가 발생한 것을 직감하고 다급하게 반응을 했다. 원문에는 너무 급하고 당황한 나머지 "안 돼!"라는 부르짖음이 네 차례나 반복된다. 원문을 직역하면 이렇다. "안 돼! 내 형제들아, 안 돼! 이 남자에게 악을 행하는 것은 안 돼! 나의 집이야! 이런 망령된 일을 행하면 안 돼!"

"망령된 일"로 번역된 히브리어 '네발라'는 '수치스럽게 하며 어리석은 음탕한 죄'라는 뜻이다. 네발라라는 강력한 표현을 받을 만한 행위는 남성 간의 항문성교가 뒤따르는 동성애가 가장 적합하다. 네발라는 다음 절인 24절에도 나온다. "보라 여기 내 처녀 딸과 이 사람의 첩이 있은즉 내가 그들을 끌어내리니 너희가 그들을 욕보이든지 너희 눈에 좋은 대로 행하되 오직 이 사람에게는 이런 망령된 일을 행하지 말라 하나." 불량배들이 자기 집에 들어온 남자를 상대로 성관계를 가지려고 한다는 사실을 간파한 노인은 자기 딸과 레위 사람의 첩을 내주어 불량배들의 성욕을 충족시켜주는 방법으로라도 남성 동성 간의 성행위가 자기 집에서 이루어지는 것만은 필사적으로 막으려고 발버둥 쳤다. 이 본문에서 노인이 여자인 첩과 딸을 대상으로 하여 성관계를 가지는 행위를 제안하면서 남자인 레위 사람을 상대로 하는 망령된 일만은 행하지 말라고 간청한 것을 볼 때, 망령된 일은 남성 동성 간의 성관계를 가리키는 것이 분명하다.

불량배들이 노인의 말을 듣지 않자 레위 사람이 나서서 자기 첩을 강제로 문밖으로 끌어냈다. 불량배들은 밤새도록 그 첩을 상대로 강간을 자행하였고, 레위 사람이 새벽에 길을 떠나려고 했을 때 첩은 죽어 있었다.

더 끔찍한 일은 레위 사람이 집으로 돌아온 이후에 벌어졌다. 레위 사람이 칼로 첩의 시신을 뼈의 관절이 있는 마디 단위로 토막을 낸 후에 이스라엘 사방에 두루 보낸 것이다. 토막 난 시신을 받고 충격에 사로잡힌 열한 지파는 레위 사람으로부터 사건의 경위를 보고받은 후에, 베냐민 지파 사람들에게 불량배들을 넘겨줄 것을 요구한다. 그런데 베냐민 지파가 요구를 거부하자 40만 명의 열한 지파 연합군과 26,700명의 베냐민-기브아 연합군 사이에서 큰 전쟁이 시작된다. 원래 베냐민 지파는 전쟁기술이 탁월한 지파였다. 베냐민이라는 단어는 아들을 뜻하는 '벤'이라는 단어와 오른손을 뜻하는 '이민'이 결합된 용어인데, 오른손은 힘을 상징하는 단어이다. 따라서 베냐민이라는 이름 그 자체가 '전쟁에 능한 아들들'이라는 뜻이다. 40만 대군과 26,700명이 겨룬 첫 번째 전투에서 열한 지파 연합군이 대패하여 22,000명의 연합군이 죽임을 당했고, 두 번째 전투에서도 열한 지파 연합군이 패하여 18,000명이 죽임을 당했다. 세 번째 전투에서는 연합군이 승리에 자만한 베냐민의 군대를 성 밖으로 유인한 후에 성을 급습하는 방법으로 승리하여 베냐민 지파의 군대 25,000명을 죽였다. 이렇게 세 번의 전투에서 연합군과 베냐민 지파의 군대를 합하여 65,000명이 죽임을 당하는 비극이 발생했다. 특히 베냐민 지파는 26,700명 중에서 25,000명이 전사하여 거의 대부분 남자들이 전멸당하는 비극을 당했다.

하나님께서는 연합군이 전개한 세 번의 전투를 모두 승인해 주시면서도, 처음 두 번의 전투에서는 연합군에게 패배를 안겨 주시고, 세 번째 전투에서 비로소 연합군에게 승리를 허락하셨다. 하나님께서 이처럼 단번에 연합군에게 승리를 안겨주지 않으시고 양쪽 군대에 패전의 아픔을 주신 것은 아마도 양쪽 모두에게 잘못이 있었기 때문인 것 같다. 베냐민 지파가 남성 동성애를 시도한 것과 강간을 저지른 행위는 마땅히 처벌을 받아야 했는데, 이와 동시에 거룩한 지파에 속한 레위 사람이 억울하게 죽임을 당한 첩의 시신을 정중하게 장사 지내주지 않고 칼로 잔인하게 토막 내어 열두 지파에게 보낸 것도 잘못된 행위이다.

소돔성 사건이 하나님을 믿지 않는 이방국가의 차원에서 일어난 사건이라면, 레위 사람의 첩 사건은 하나님의 백성들 안에서 일어난 사건이라는 점에서 차이가 있다. 열한 지파로 구성된 연합군도 하나님의 백성이요, 그 대적이 된 베냐민 지파도 하나님의 백성이다. 동성애는 하나님의 백성인 이스라엘 공동체를 분열과 갈등으로 몰아넣는 동시에 심대한 인명피해를 냈다. 레위 사람의 첩 사건은 바로 신약시대의 하나님의 백성 공동체인 교회에 적용될 수 있다. 교회가 동성애를 허용하면 교회에 심각한 분열과 갈등이 찾아오고, 심대한 영적 상처를 가하며, 궁극적으로는 교회가 해체될 수 있다.

교회는 우연히 잘못된 습관 때문에 동성애에 빠진 자들을 사랑하는 마음으로 대해야 하고, 따뜻한 상담을 통하여 동성애라는 질곡에서 헤어 나올 수 있도록 도와야 한다. 한국사회에서 지속적으로 반복하여 발의되고 있는 차별금지법의 문제점 가운데 하나는 동성애자들을 상담을 통하여 동성애로부터 건져내는 일을 전면적으로 중단시킨다는 점이다. 그런데 교회가 동성애자를 동성애로부터 건져내는 작업을 효율적으로 하기 위해서는 교회를 담임하는 담임목사님을 비롯한 교회의 지도부가 동성애는 성경이 죄로 선언하고 있다는 사실을 교인들에게 분명히 알려야 한다. 그리고 동성애에 발을 들여놓는 순간 하나님 나라와의 관계는 단절되고, 동성애를 지속하면서 하나님 나라의 축복에 참여하는 것은 불가능하다는 것을 분명하게 알려주어야 한다. 또한 동성애를 지속한다면 교회의 직분은 물론 교회 교인으로서 활동할 수 없고, 교회 공동체의 교제로부터 끊어지게 되며, 교회의 교제에 합류하기 위해서는 동성애에서 벗어나야 한다는 사실 등을 선명하게 표명해야 한다. 일부 교회에서는 특히 새로운 성교육에 익숙해 있는 청년들이 담임목사가 동성애에 대하여 비판적인 설교를 계속할 경우 동성애를 인정해주는 교회로 옮기겠다는 일종의 협박을 하는 경우가 있는데, 이때 교인 숫자가 줄어들 우려 때문에 타협해서는 안 되며, 그냥 내보내야 한다. 교회 지도부가 동성애에 대한 반대 입장을 견실하게 표현하고 밀고 나가야 탈동성애 교육이 가능해진다.

기독교 교단들이 동성애와 동성혼을 인정하고 동성애자들에게 교회 직분을 허용하는 것을 교단의 방침으로 결정하면, 교단 안에 남아서 끝까지 교단의 방침을 바꾸기 위하여 노력할 수 있지만, 교단이 끝까지 그 결정을 바꾸려고 하지 않는 경우에는 교단을 떠나는 것도 정당화될 수 있다. 동성애와 동성혼을 정당화하는 일에 가장 앞장서고 있는 교단이 서구의 성공회 교단들인데, 서구의 성공회 교단들이 동성애와 동성혼을 허용하자 남반부의 성공회 교단들은 바로 서구의 성공회 교단들과 관계를 단절해버렸다. 미국 최대 장로교단인 PCUSA가 동성애와 동성혼을 허용하자 많은 교회들이 PCUSA를 탈퇴하여 동성애 반대를 분명히 표명하는 복음언약장로교회(ECO)를 결성했으며, 미국 연합감리교단이 동성애와 동성혼을 허용하자 이에 반대하는 교단 내의 교회들이 교단을 탈퇴하여 새로운 교단을 만들 준비를 하고 있다. 여기서 필자가 감히 말할 수 있는 것은 동성애와 동성혼을 허용한 교단은 쇠퇴해 가다가 결국 해체수순을 밟게 될 것이라는 것이다. 미국 PCUSA에 속해 있고, 1,000명이 넘는 교인 숫자(미국교회 교인 숫자가 1,000명이면 한국에서는 10,000명의 교인에 해당한다)를 가진 필그림 한인선교교회는 100억 원에 상당하는 교회건물을 과감히 포기하고 PCUSA를 탈퇴하여 복음언약장로교회로 옮겼다. 필그림 한인선교교회의 경우는 오늘날 한국교회에 동성애 문제로 인하여 많은 고난이 뒤따르더라도 타협해서는 안 된다는 교훈을 주고 있다.

구약성경에 나타난 동성애[1]
- 퀴어 신학의 구약해석 비판

황선우 교수(총신대학교, 구약)

들어가는 말

구약성경에 동성애를 언급한 본문은 창세기 19장 1-11절, 레위기 18장 22절, 20장 13절, 신명기 23장 17-18절, 사사기 19장 16-30절, 열왕기상 14장 22-24절, 15장 11-12절, 22장 43-46절, 열왕기하 23장 7절, 욥기 36장 13-14절, 에스겔 16장 48-50절이다.

이 본문들에 대한 퀴어 신학의 구약해석을 잘 보여주는 책은 2006년에 발간된 *The Queer Bible Commentary*로서 이 책은 데

---

[1] 이 글은 CREDO 1(2018)에 기고한 글을 확장, 보완한 것임을 밝혀둔다.

린 게스트(Deryn Guest) 외 세 명의 퀴어신학자가 편집하였고, 다수의 퀴어신학자들이 참여하여 구약과 신약 66권에 관해 주석한 것이다.[2] 필자는 이 글에서 위의 구약본문들이 동성애에 관하여 무엇을 말하는지 해설하고, 동성애를 옹호하기 위하여 본문을 왜곡하여 해석하는 퀴어신학자들의 주요 논지를 비판하고자 한다.

소돔의 동성애

동성애에 관한 구약의 첫 번째 본문은 타락의 상징으로 잘 알려진 소돔의 동성애를 기록한 창세기 19장 1-11절이다. 구약의 첫 번째 책인 창세기에 수많은 동성애자들이 있는 소돔이 기록된 것을 볼 때, 동성애의 시작은 고대로 거슬러 올라감을 알 수 있다. 동성애를 뜻하는 영어 단어 'sodomy'도 바로 창세기 19장에 기원을 두고 있다.

창세기 19장 1-11절의 내용은 이렇다. 어느 날 사람의 모습(남자)으로 나타난 두 명의 천사가 소돔에 나타나자 소돔에 거주하던 롯이 그들을 자신의 집에 손님으로 맞이하고 음식을 대접한다. 그런데 그 천사들이 자기 전에 소돔의 백성들이 롯의 집을

---

[2] Deryn Guest, Robert E Goss, Mona West, Thomas Bohache, *The Queer Bible Commentary* (London: SCM Press, 2015).

에워싸고 롯이 맞이한 두 남자를 내어놓으라고 말한다. 이때 그 집을 둘러싼 소돔의 백성들을 "노소를 막론하고 원근에서 다" 모인 소돔인들이라고 기록한 것(창 19:4)은 소돔 땅에 동성애가 얼마나 편만하게 퍼져 있었는지를 보여준다. 개역개정성경에서 "소돔의 백성들"로 번역된 히브리어는 '안쉐 쏘돔'으로, 직역하면 '소돔의 남자들'을 의미한다. 롯의 집을 둘러싼 소돔인들은 롯에게 말한다. "오늘 밤에 네게 온 사람들이 어디 있느냐 이끌어 내라 우리가 그들을 상관하리라"(창 19:5). 여기서 "상관하리라"는 말은 히브리어 '야다'로서 그 원뜻은 '알다'(know)인데, 이 '야다'가 문맥에 따라 '성교'(intercourse) 혹은 '동침'을 의미할 수 있다.[3] 바로 이 본문에서 '성교'의 의미로 쓰였다. 히브리어 '야다'가 '성교' 혹은 '동침'의 의미로 쓰인 대표적인 예는 창세기 4장 1절이다. "아담이 그의 아내 하와와 동침하매 하와가 임신하여 가인을 낳고"에서 "동침하매"로 번역된 것이 바로 '알다'를 의미하는 히브리어 '야다'이다. 이러한 소돔 사람들의 악한 요구에 롯이 자신의 손님인 이 두 사람에게 아무 일도 하지 말 것을 말하자 그들은 롯을 밀치고 문을 부수려고 한다. 이때 사람의 모습으로 온 천사들이 롯을 집 안으로 끌어들이고 천사들의 초자연적 능력으로 문 밖의 소돔인들의 눈을 멀게 하였다. 이후 소돔 땅은 고모라와 함께 하나님의 유황과 불의 심판을 받게 된다.

---

3   Ludwig Koehler and Walter Baumgartner, "ידע," *The Hebrew and Aramaic Lexicon of the Old Testament* I (Leiden: Brill, 2001), 391.

소돔의 죄는 동성애가 아니라 집단 성폭력인가?

손님으로 온 두 사람을 내어놓으라는 소돔인들의 요구에 롯은 "이런 악을 행하지 말라"고 말한다. 마이클 카든(Michael Carden)은 이와 관련하여 일방적인 성폭력과 합의하에 갖는 동성애를 구분할 것을 주장한다.[4] 즉 폭력으로 강제하지 않고 서로 합의하에 동성애를 나누는 것은 악이 아니라는 것이다. 그러나 창세기 19장을 언급한 성경의 다른 본문들을 살펴보면, 롯이 말한 소돔 사람들의 악은 단순히 집단 성폭력을 말하는 것이 아니라 동성애를 포함하고 있음을 알 수 있다. 에스겔 16장 49-50절에서 소돔의 죄를 다음과 같이 언급한다.

> 네 아우 소돔의 죄악은 이러하니 그와 그의 딸들에게 교만함과 음식물의 풍족함과 태평함이 있음이며 또 그가 가난하고 궁핍한 자를 도와주지 아니하며 거만하여 가증한 일을 내 앞에서 행하였음이라 그러므로 내가 보고 곧 그들을 없이 하였느니라

위 본문의 화자인 여호와는 소돔의 여러 가지 죄 중에 "가증한 일"이 무엇인지 구체적으로 밝히지 않는다. 창세기 19장 1-11

---

[4] Michael Carden, "Genesis," *The Queer Bible Commentary*, Kindle ed., Location no. 1437.

절에서 기록한 소돔의 죄는 다른 죄가 아니라 소돔에 퍼져 있는 동성애와, 소돔 남자들이 롯의 집에 방문한 두 사람에게 강제적인 동성애를 요구한 것이다.

창세기 19장에 기록된 소돔의 죄가 동성애와 강제적인 동성애 요구인데, 여호와가 소돔의 죄를 나열하면서 창세기 19장에 기록된 소돔의 죄를 생략했을 가능성은 희박하다. 그러므로 소돔의 "가증한 일"은 바로 동성애와 그와 관련된 죄를 말하는 것일 것이다. 무엇보다도 여기서 "가증한 일"로 번역된 히브리어는 '토에바'인데, 이 단어는 레위기 18장 22절과 20장 13절, 열왕기상 14장 24절에서 동성애를 지칭한다.

- 너는 여자와 동침함 같이 남자와 동침하지 말라 이는 가증한 일(토에바)이니라(레 18:22)
- 누구든지 여인과 동침하듯 남자와 동침하면 둘 다 가증한 일(토에바)을 행함인즉 반드시 죽일지니 자기의 피가 자기에게로 돌아가리라(레 20:13)
- 그 땅에 또 남색하는 자가 있었고 여호와께서 이스라엘 자손 앞에서 쫓아내신 국민의 모든 가증한 일(토아보트-토에바의 복수형)을 무리가 본받아 행하였더라(왕상 14:24)

히브리어 '토에바'는 매우 강한 혐오(abhorrence, abomination)를 의미하는 단어로, 동성애가 하나님 앞에 매우 혐오스러운 범죄임을 알려준다.[5] 바로 이 '토에바'가 에스겔 16장 49-50절에서 소돔의 죄와 관련하여 사용되었고, 따라서 소돔의 "가증한 일"을 동성애로 보는 것이 타당하다. 물론 구약성경에서 히브리어 '토에바'가 동성애만을 지칭하는 가증함은 아니다. 가나안 신상(신 7:26), 부정결한 짐승(신 14:3), 악인의 제물(잠 21:27), 율법을 듣지 않고 드리는 기도(잠 28:9), 악행을 저지르면서 드리는 분향(사 1:13), 이웃의 아내와 음행(겔 22:11) 등 여러 가증한 일을 '토에바'로 지칭하였다. 더 선명하게 소돔의 죄가 동성애임을 말해주는 구절은 신약 유다서 7절이다.

소돔과 고모라와 그 이웃 도시들도 그들과 같은 행동으로 음란하며 다른 육체를 따라 가다가 영원한 불의 형벌을 받음으로 거울이 되었느니라

여기서 "다른 육체를 따라"는 정상적인 이성의 육체가 아닌 동성의 육체를 쫓는 것을 의미한다. 따라서 소돔의 음란한 동성애가 불의 형벌의 원인이었음을 말해준다. 결국 소돔의 죄를 언급한 에스겔 16장 49-50절, 유다서 7절 그리고 동성애를 "가증한 일"(토에바)로 일컬은 레위기 18장 22절과 20장 13절, 열왕기상 14장 24절을 고려하면, 창세기 19장 1-11절의 소돔의 죄는 단순히

---

5 Ludwig Koehler and Walter Baumgartner, "תּוֹעֵבָה," *The Hebrew and Aramaic Lexicon of the Old Testament* II (Leiden: Brill, 2001), 1702-1704.

강제적인 성폭력을 의미하는 것이 아니라 동성애를 포함하고 있는 것임을 알 수 있다.

동성애 금지명령

동성애를 율법으로 기록한 구절은 위에서 언급한 레위기 18장 22절과 레위기 20장 13절인데, 이 두 구절은 구약에서 동성애를 행하는 죄의 무거움을 말해준다. 레위기 18장은 이집트를 탈출해서 약속의 땅 가나안으로 향하는 이스라엘 백성에게 가나안 땅에 들어가서 가나안의 풍속을 따르지 말 것을 명령한 부분이다.

레위기 18장 22절에서는 가나안의 풍속인 동성애를 따라 행하지 말 것을 명령한 것인데, 이 명령문은 히브리어 부정어 '로'와 '동침하다'를 의미하는 동사 '샤키브'의 미완료형이 결합된 구조로 절대적 금지를 나타내는 구문이다. 히브리어 '로'와 미완료 동사의 결합은 히브리어 금지명령 중에서도 영구적 금지를 암시하는 강한 금지명령문으로 십계명의 "-하지 말라"의 계명들이 이 구조를 갖고 있다.[6] 히브리어 원문의 문장 순서를 보면 일반적인 금지명령문의 순서와 달리 문장 맨 앞에 "남자와 함께"

---

6 Ronald J. Williams, *Williams' Hebrew Syntax* 3rd ed. (Tronto: University of Tronto Press, 2010, 143.

(히브리어, '베에트 자카르')가 위치해 있어서 여자가 아닌 "남자와 함께" 동침하는 것의 가증함을 강하게 강조하고 있다. 그러면서 동성애와 같은 가증한 죄가 가져올 결과에 대해 레위기 18장 29절에서는 가증한 행위를 한 자는 백성 중에서 끊어질 것이라고 경고하고 있다.

레위기 20장 13절 역시 동성애가 매우 무거운 죄임을 말해준다. 레위기 20장은 반드시 죽여야 하는 죄의 목록이다. 여기에 속하는 죄로는 자식을 몰렉에게 바치는 인신제사, 접신한 자와 박수무당을 따르는 죄, 부모를 저주하는 죄, 남의 아내와 간음하는 죄, 어머니와 동침하는 죄 등이 속하는데, 이 목록 가운데 13절에 동성애가 포함되어 있다. 그러므로 13절 하반절에서는 동성애를 행한 자를 "반드시 죽일지니 자기의 피가 자기에게로 돌아가리라"고 기록하고 있다. 위의 두 구절의 구문과 문맥을 통해 살핀 바와 같이 동성애는 결코 가볍게 지나칠 수 있는 죄가 아니다.

동성애 금지명령은 구약시대와 남자에 한정되는가?

퀴어 신학의 주장 중 하나는 동성애를 금하는 레위기 18장 22절과 20장 13절의 두 명령은 구약시대에 한정된 율법이므로 신약시대인 현대에 적용되지 않는다는 것이다.[7] 마치 구약율법 가운데 부정한 돼지고기를 금한 율법(레 11:7-8)이 신약시대에 더 이상 효력을 미치지 않는 것처럼(막 7:15-16) 동성애 금지명령은 신약시대에 더 이상 구속력을 갖지 않는다는 것이다. 이러한 주장에 대해서는 구약의 율법을 현대에 어떻게 적용할 것인가에 대한 이해가 필요하다.

히브리서 10장 1절에서 말하듯이 율법은 장차 올 좋은 것의 그림자이다("율법은 장차 올 좋은 일의 그림자일 뿐이요 참 형상이 아니므로…"). 속죄와 관련한 의식법에 관하여는 예수께서 오셔서 희생제물이 되심으로 의식법의 그림자의 실체를 분명히 보여주셨다. 구약에는 속죄와 관련된 율법 외에도 다양한 율법이 기록되었는데, 많은 율법은 그림자의 성격을 띠고 있고 그 실체가 명시적으로 드러나 있지 않다. 이럴 때 신약시대의 그리스도인들은 그림자의 율법의 실체를 파악하여 신약시대의 삶의 원리로 적용할 수 있다. 요한1서의 두 구절은 구약의 속죄의 제물은 그림자이고 실체는 예수 그리스도임을 선명하게 말해준다.

- 그는 우리 죄를 위한 화목 제물이니 우리만 위할 뿐 아니요 온 세상의 죄를 위하심이라(요일 2:2)

---

[7] David Tabb Stewart, "Leviticus," *The Queer Bible Commentary*, Kindle ed., Location no. 2621.

- 사랑은 여기 있으니 우리가 하나님을 사랑한 것이 아니요 하나님이 우리를 사랑하사 우리 죄를 속하기 위하여 화목제물로 그 아들을 보내셨음이라(요일 4:10)

어떤 경우에는 율법에 담겨 있는 하나님의 뜻을 직접 설명하여 율법과 관련한 하나님의 완전한 뜻을 알려주시기도 한다. 마태복음 5장 17절에서 예수께서 율법을 완전하게 하려 하신다는 것이 이 경우에 속한다.

내가 율법이나 선지자를 폐하러 온 줄로 생각하지 말라 폐하러 온 것이 아니요 완전하게 하려 함이라

여기서 예수께서 율법을 완전하게 하신다는 말은 어떤 의미인가? 흥미롭게도 예수께서 마태복음 5장 17절을 말씀하신 이후에 일련의 구약의 율법을 인용하면서 율법과 관련된 하나님의 뜻을 더 완전하게 가르치신다.

- 옛 사람에게 말한바 살인하지 말라 누구든지 살인하면 심판을 받게 되리라 하였다는 것을 너희가 들었으나 나는 너희에게 이르노니 형제에게 노하는 자마다 심판을 받게 되고 형제를 대하여 라가라 하는 자는 공회에 잡혀가게 되고 미련한 놈이라 하는 자는 지옥 불에 들어가게 되리라(마 5:21-22)

- 또 간음하지 말라 하였다는 것을 너희가 들었으나 나는 너희에게 이르노니 음욕을 품고 여자를 보는 자마다 마음에 이미 간음하였느니라(마 5:27-28)
- 또 옛 사람에게 말한바 헛맹세를 하지 말고 네 맹세한 것을 주께 지키라 하였다는 것을 너희가 들었으나 나는 너희에게 이르노니 도무지 맹세하지 말지니…(마 5:33-34)
- 또 눈은 눈으로, 이는 이로 갚으라 하였다는 것을 너희가 들었으나 나는 너희에게 이르노니 악한 자를 대적하지 말라 누구든지 네 오른편 뺨을 치거든 왼편도 돌려대며(마 5:38-39)
- 또 네 이웃을 사랑하고 네 원수를 미워하라 하였다는 것을 너희가 들었으나 나는 너희에게 이르노니 너희 원수를 사랑하며 너희를 박해하는 자를 위하여 기도하라(마 5:43-44)

예수께서는 율법을 폐하러 온 것이 아니라 완전케 하러 오셨다고 말씀하셨는데 율법을 완전케 하신다는 것은 율법을 주신 하나님의 완전한 뜻을 밝히는 것이었다.

또 다른 경우는 율법이 그림자인 경우가 아니라 실체로 나타난 경우도 있다. 구약의 율법 중 도덕법이 이러한 경우라고 할 수 있다. 예컨대 "너희는 거룩하라"(레 19:2)는 구약의 율법이지만 실체를 탐구해야 하는 그림자로서의 율법이 아니라 곧바로 신약 시대에도 적용될 수 있는 실체적 율법이라고 말할 수 있다. 그래서 구약의 이 율법은 가감 없이 신약 성도들이 지켜야 할 신약의 계명으로 기록된다.

> 너희가 순종하는 자식처럼 전에 알지 못할 때에 따르던 너희 사욕을 본받지 말고 오직 너희를 부르신 거룩한 이처럼 너희도 모든 행실에 거룩한 자가 되라 기록되었으되 내가 거룩하니 너희도 거룩할지어다 하셨느니라(벧전 1:14-16)

레위기 19장 18절의 "네 이웃 사랑하기를 네 자신과 같이 하라 나는 여호와이니라"도 그림자로 나타난 경우가 아니라 곧바로 실체로 나타난 경우이다. 그래서 마태복음 22장 39절에서 예수께서 온 율법과 선지자의 강령 중 하나로 말씀하신 이 율법은 로마서 13장 18절에서 신약의 성도들이 지켜야 할 계명으로 기록된다.

> 피차 사랑의 빚 외에는 아무에게든지 아무 빚도 지지 말라 남을 사랑하는 자는 율법을 다 이루었느니라

구약에서 동성애를 금지한 레위기 18장 22절과 20장 13절의 경우도 구약의 율법이 그림자로서가 아니라 곧바로 실체로 나타난 경우이다. 그래서 신약의 로마서 1장 26-27절과 같은 구절에서도 동성애가 죄임을 기록한다.

이 때문에 하나님께서 그들을 부끄러운 욕심에 내버려 두셨으니 곧 그들의 여자들도 순리대로 쓸 것을 바꾸어 역리로 쓰며 그와 같이 남자들도 순리대로 여자 쓰기를 버리고 서로 향하여 음욕이 불 일 듯 하매 남자가 남자와 더불어 부끄러운 일을 행하여 그들의 그릇됨에 상당한 보응을 그들 자신이 받았느니라

퀴어신학자 데이비드 스튜어트(David Stewart)는 레위기 18장 22절과 20장 13절의 동성애 금지명령이 문자적으로는 모두 남성의 동성애를 언급하고 있기 때문에 여자 동성애자(lesbian)는 이 율법에 구속을 받지 않는다고 말한다. 하지만 이 또한 적절치 못한 해석이다.[8] 두 율법에서 모두 남자와 동침하는 것을 언급하고 있지만 이것은 여자와 여자가 동침하는 것은 허용하고 남자와 남자가 동침하는 것은 허용하지 않는 것이 아니다. 고대 이스라엘 문화와 문학에서 일반적으로 전제하듯이 본문의 남성은 남성과 여성 모두를 대표하는 것으로 보는 것이 자연스럽다. 예컨대 출애굽기 20장 14절의 제7계명, "너는 간음하지 말라"(תנאף לא)의 경우에 사용된 동사 '티느아프'는 동사 '아나프'의 2인칭 남성단수형인데, 여기에 사용된 동사가 남성형이기 때문에 이 계명이 남성에게만 적용되고 여성에게는 적용되지 않는다고 보지 않는다. 또한 위의 로마서 1장 26절에서는 여자 동성애("여자들도

---

8 David Tabb Stewart, "Leviticus," *The Queer Bible Commentary*, Kindle ed., Location no. 2643.

순리대로 쓸 것을 바꾸어 역리로 쓰며")를 부끄러운 일로 규정하고 있다.

사사시대의 동성애

구약에는 소돔의 동성애를 기록한 창세기 19장 1-11절 이외에 동성애를 소재로 한 또 하나의 내러티브, 사사기 19장 16-30절이 있다. 여기의 플롯 전개는 창세기 19장 1-11절과 매우 흡사하다. 한 레위인이 그의 첩과 함께 유다 베들레헴에서 에브라임 산지로 가다가 베냐민 지파에 속한 기브아 지역을 지나가게 된다. 이때 기브아의 한 노인이 이들을 자신의 집으로 맞아들인다. 이를 알게 된 기브아의 불량배들이 이 노인의 집을 에워싸고 말한다. "네 집에 들어온 사람을 끌어내라 우리가 그와 관계하리라"(22절).

여기서 동사 "관계하리라"는 창세기 19장 5절의 "상관하리라"와 같은 히브리어 동사인 '야다'(알다)이다. 이 노인은 자기 집에 온 손님에게 망령된 일을 하지 말라고 청하며 이 남자 대신 자신의 딸과 손님의 첩을 내어주겠다고 말한다. 결국 손님인 에브라임 사람은 자신의 첩을 그 불량배들에게 내어주고 그 첩은 밤새도록 그 불량배들에게 윤간을 당한 후 새벽에 돌아왔지만 결국 죽게 된다. 이에 에브라임 사람은 그 첩의 시체를 열두 덩이로 잘라서 이스라엘 각 지파에 보내고 이스라엘 민족은 기브아가 속한 베냐민 지파와 민족전쟁을 벌이게 된다.

동성애, 타락의 바로미터

　구약에서 동성애에 관련된 두 내러티브가 각각 소돔과 사사시대를 배경으로 한다는 것은 동성애가 한 사회의 타락의 정도를 나타내는 바로미터 역할을 할 수 있음을 말해준다. 소돔은 고모라와 함께 구약에서 타락한 사회의 상징이다. 예수께서는 자신의 제자들을 이스라엘 여러 지역으로 보내시면서 만약 누구든지 그들을 영접하지 아니하거든 그 지역에서 나가서 그들의 발의 먼지를 떨어버리라고 말씀하신다. 그러면서 심판 날에 소돔과 고모라 땅이 그 성보다 견디기 쉬울 것이라고 하셨다(마 10:15). 이는 예수님의 제자들을 거부하는 지역은 타락의 상징인 소돔과 고모라보다 더 큰 심판을 받을 것을 말한 것으로, 예수님의 제자들을 거부하는 것이 얼마나 큰 죄인지를 말해주는 대목이다. 또한 예수께서는 그가 많은 권능을 행하였지만 회개하지 않은 가버나움에게 심판 날에 소돔 땅이 가버나움보다 견디기 쉬울 것이라고 말씀하셨다(마 11:23). 타락의 상징인 소돔을 언급하며 가버나움의 완악함을 비판하신 것이다.

　사사시대는 또 어떠한가? 이스라엘의 역사 중 사사시대는 가장 타락한 시대였다. 사사시대의 타락상을 단적으로 말해주는 구절은 사사기의 맨 마지막 절, "사람이 각기 자기의 소견에 옳은 대로 행하였더라"이다. 하나님의 뜻과 말씀이 기준이 되지 못하고 자신의 생각이 법이 된 시대, 그래서 이스라엘의 역사 중 가장 타락하고 영적으로 어두웠던 시대가 사사시대이다. 하나님이 타락한 이스라엘 백성을 이웃 민족에게 붙여 심판하고 나면 그제야 하나님을 부르짖고, 이에 하나님이 은혜를 베푸시고 그들을 구원하신다. 그러나 평화의 시간이 되면 이스라엘 백성들은 다시 우상숭배에 빠지고 타락하는 것을 반복하던 시대가 사사시대였다.

동성애로 인하여 창세기 19장의 소돔과 사사기 19장의 기브아가 속한 베냐민 지파는 하나님께 큰 심판을 받았다. 소돔 땅에는 하나님께서 유황과 불을 비처럼 내려서 그 지역의 성을 멸하셨고, 베냐민 지파는 거의 진멸되어 없어질 위기에 처했다가 600명의 남은 용사가 지파의 씨가 되어 극적으로 회생하게 된다(삿 21장). 구약의 두 개의 동성애 내러티브가 공간적 타락의 상징인 소돔과 시간적 타락의 상징인 사사시대를 배경으로 했음을 볼 때, 현재 우리 사회에 동성애가 확산되는 것은 구약의 관점에서 매우 우려스러운 일이다. 구약의 관점으로 본다면 동성애의 확산은 영적 어두움이 깊다는 것을 의미하기 때문이다.

동성애, 개혁의 대상

구약에서 동성애에 대한 부정적인 관점은 남색하는 자(동성애자)의 존재를 허락하지 않고 이스라엘의 개혁적인 왕들이 남색하는 자를 쫓아낸 것에서도 찾을 수 있다. 개역개정 성경에서 "남창" 혹은 "남색하는 자"로 번역된 히브리어는 '카데쉬'로서 성전과 우상 신전에서 동성애를 유혹하던 개혁의 대상이었다. 퀴어신학자 켄 스톤(Ken Stone)은 '카데쉬' 혹은 복수형 '케데쉼'과 여성형 단수 '케데샤', 여성형 복수 '케데쇼트'가 열왕기서에서 부정적으로 묘사되기는 했지만 이들이 성적으로 관련되어 있음을 부인한다.[9] 그러나 신명기 23장 17-18절에서는 '케데샤'(17절)를 '조나'(히, 창녀, 18절)로 지칭함으로써 '케데샤'가 성적 관련성이 있는 단어임을 보여준다.

> 이스라엘 여자 중에 창기(히, '케데샤')가 있지 못할 것이요 이스라엘 남자 중에 남창이 있지 못할지니 창기(히, '조나')가 번 돈과 개 같은 자의 소득은 어떤 서원하는 일로든지 네 하나님 여호와의 전에 가져오지 말라 이 둘은 다 네 하나님 여호와께 가증한 것이니라 (신 23:17-18)

---

9 Ken Stone, "1 and 2 Kings," *The Queer Bible Commentary*, Kindle ed., Location no. 6383.

또한 창세기 38장에 기록된 유다와 다말 이야기에서도 '케데샤'가 '창녀'를 의미하는 단어임을 보여준다. 창세기 38장 15절에서 유다는 얼굴을 가린 다말을 창녀(히, '조나')로 여겼다고 기록하고 있고, 같은 장 21절에서 유다는 그 창녀에게 맡긴 담보물을 찾기 위해 사람들에게 길 곁 에나임에 있던 창녀(히, '케데샤')가 어디에 있느냐고 묻는다.

- 그가 얼굴을 가리었으므로 유다가 그를 보고 창녀('조나')로 여겨 (창 38:15)
- 그가 그 곳 사람에게 물어 이르되 길 곁 에나임에 있던 창녀('케데샤')가 어디 있느냐 그들이 이르되 여기는 창녀('케데샤')가 없느니라(창 38:21)

이렇게 '케데샤'가 창녀를 의미하기 때문에 이에 상응하는 남성형 '카데쉬'는 개역개정에서 번역하듯이 "남창", "남색하는 자"로 보는 것이 타당하다. 신명기 23장 18절에서는 이 '카데쉬'를 경멸적으로 '개'(히, 켈레브)에 비유했고, 이는 남창의 동성애가 얼마나 하나님 앞에 가증스러운 일인지를 잘 보여준다. 이상적으로는 이스라엘에 동성애를 행하는 남색하는 자가 없어야 했지만 현실적으로는 남색하는 자가 존재했다. 열왕기상 14장 24절에는 르호보암 시대에 하나님 앞에 가증한 남색하는 자(카데쉬)가 있었음을 기록한다.

그 땅에 또 남색하는 자가 있었고 여호와께서 이스라엘 자손 앞에서 쫓아내신 국민의 모든 가증한 일을 무리가 본받아 행하였더라

아사와 여호사밧, 요시야와 같은 왕들은 이러한 남색하는 자들(케데쉼)을 이스라엘 땅에서 쫓아내는 개혁을 단행한 왕들로 기록되어 있다.

- 아사가 그의 조상 다윗 같이 여호와 보시기에 정직하게 행하여 남색하는 자를 그 땅에서 쫓아내고 그의 조상들이 지은 모든 우상을 없애고(왕상 15:11-12)
- 그(여호사밧)가 그의 아버지 아사의 시대에 남아 있던 남색하는 자들을 그 땅에서 쫓아내었더라(왕상 22:46)
- 또 여호와의 성전 가운데 남창의 집을 헐었으니 그 곳은 여인이 아세라를 위하여 휘장을 짜는 처소였더라(왕하 23:7, 요시야의 개혁)

이렇게 가증스러워서 개혁의 대상이었던 남색하는 자('카데쉬')는 욥기에서 저주의 상징으로 기록된다. 욥기 37장 13-14절에서 엘리후는 경건하지 못한 자들이 남색하는 자와 함께 있게 될 저주를 말한다.

마음이 경건하지 아니한 자들은 분노를 쌓으며 하나님이 속박할지라도 도움을 구하지 아니하나니 그들의 몸은 젊어서 죽으며 그들의

생명은 남창('케데쉼')과 함께 있도다

다윗과 요나단의 동성애?

다윗과 요나단의 관계는 구약성경에서 우정의 귀감으로 뽑힌다. 그런데 퀴어 신학에서는 이 우정의 귀감을 동성애 관계라고 주장한다.[10] 하나님의 마음에 합한 사람 다윗이 동성애자였다면 동성애가 성경의 승인을 받을 수 있는 중요한 근거가 될 수 있겠지만, 성경에는 다윗과 요나단을 동성애자로 봐야 할 근거가 없다. 사무엘하 1장 26절은 다윗과 요나단을 동성애자로 보는 퀴어 신학에서 대표적으로 언급하는 구절이다.[11]

내 형 요나단이여 내가 그대를 애통함은 그대는 내게 심히 아름다움이라 그대가 나를 사랑함이 기이하여 여인의 사랑보다 더하였도다

이 말은 요나단이 길보아산에서 죽었다는 소식을 들은 다윗이 슬픔 가운데 한 말이다. 이 구절에서 다윗은 요나단의 사랑

---

10 Ken Stone, "1 and 2 Samuel," *The Queer Bible Commentary*, Kindle ed., Location no. 6060, 6087, 6097.
11 Ibid., 6053.

이 여인의 사랑보다 더하였다고 말한다. 여기서 "사랑"으로 번역된 히브리어는 '아하바'로서 한글의 '사랑', 영어의 'love'와 같이 매우 포괄적인 의미를 갖는 단어이다.[12] 한글과 영어에서 동성애와 전혀 상관없는 동성의 아버지와 아들의 관계를 표현할 때 '사랑'과 'love'를 사용하듯이 히브리어에서도 동성애와 전혀 상관없는 동성 간의 관계를 나타낼 때 '아하바'를 사용한다.[13] 그 예로 아래 두 구절을 들 수 있다.

- 다윗이 사울에게 이르러 그 앞에 모셔 서매 사울이 그를 크게 사랑하여('아하브') 자기의 무기를 드는 자로 삼고(삼상 16:21)
- 솔로몬이 기름 부음을 받고 그의 아버지를 이어 왕이 되었다 함을 두로 왕 히람이 듣고 그의 신하들을 솔로몬에게 보냈으니 이는 히람이 평생에 다윗을 사랑하였음이라('아하브')(왕상 5:1)

사무엘상 16장 21절과 열왕기상 5장 1절 모두 동성이었던 다윗과 사울, 다윗과 히람의 관계를 사랑('아하브')으로 표현했다. 그러나 이 두 관계 모두 동성애를 나타내는 것이 아니라 각각 다윗을 향한 사울의 신임과 다윗에 대한 히람의 정치적 신뢰를 나

---

[12] P. J. J. S. Els, "אהב" in *New International Dictionary of Old Testament Theology & Exegesis* I, ed. Willem A. Vangemeren (Grand Rapids: Zondervan, 1997), 277–299.

[13] Ibid., 293–294.

타낸 것이다.[14] 이와 마찬가지로 사무엘하 1장 26절에서 언급한 다윗과 요나단의 사랑은 그 둘의 깊은 우정을 말한 것이다. 다윗과 요나단이 동성애를 나누는 관계였다면 성경에서 히브리어로 성적 관계를 나타내는 '야다'(알다)가 사용되었을 것이다.[15] 그러나 구약에서는 다윗과 요나단이 서로 '알았다'('야다')라고 표현한 구절이 없다.

나오는 말

이제까지 살펴본 바와 같이 구약성경은 동성애에 관하여 일관되게 부정적인 입장을 견지하고 있다. 레위기 18장 22절과 20장 13절에서 밝히는 바와 같이 동성애는 하나님 앞에 가증한 죄이고, 죄의 경중을 따지자면 매우 무거운 죄로서 이스라엘 백성중에서 끊어지고 반드시 죽어야 하는 죄로 기록되어 있다. 동성애와 관련한 구약의 첫 번째 본문인 창세기 19장의 소돔의 죄와 관련하여 퀴어 신학에서는 소돔 사람들과 같은 강제적 성폭력이 아닌 동의하에 이루어지는 동성애는 죄로 단정할 수 없다고 말한다. 하지만 창세기 19장의 소돔의 죄를 해설하는 에스겔

---

14 Ibid., 294–295.
15 Ludwig Koehler and Walter Baumgartner, "ידע," *The Hebrew and Aramaic Lexicon of the Old Testament* I, 391.

16장 50절과 유다서 7절을 고려할 때 소돔의 죄는 하나님 보시기에 가증한 동성애를 제외하고 논하기 어렵다. 또 퀴어 신학에서는 구약의 동성애 금지명령이 구약시대 이스라엘 백성에게만 적용되는 법이라고 주장하지만, 신약에서도 동성애를 부끄러운 죄로 규정하기 때문에 이 주장은 성립되기 어렵다. 그리고 퀴어 신학은 구약의 동성애 금지명령이 남자에게 주어진 것이고 여자 동성애에 관해서는 침묵하고 있다고 말하지만, 이는 여자 동성애자에게 면죄부를 주는 것이 아니다. 고대 이스라엘 문화와 문학에서 일반적으로 남자가 대표성을 갖기 때문에 동성애 금지명령을 남자에게만 해당하는 것으로 읽는 것은 오독에 불과하다.

퀴어 신학에서는 구약에서 가증하며 개혁의 대상으로 일컬어지는 카데쉬(남창)의 성적 연관성을 부인하지만, 카데쉬에 상응하는 여성형 명사 케데샤가 창녀를 의미하기 때문에 일반적인 성경 번역과 같이 카데쉬를 남창으로 이해하는 것이 타당하다. 마지막으로 퀴어 신학에서는 다윗과 요나단의 우정이 동성애라고 주장하며 동성애의 성경적 토대를 마련하려 하지만, 다윗과 요나단의 기사에서는 그 둘이 동성애 관계임을 말해주는 근거를 찾을 수 없다. 사사기 19장에는 창세기 19장의 소돔 이야기와 매우 흡사한 동성애 내러티브가 있다. 타락의 상징 도시 소돔과 타락한 시대의 상징인 사사시대에 비슷한 동성애 이야기가 있다는 것은 한 사회의 타락과 동성애의 밀접한 관련성을 보여준다. 무엇보다도 이렇게 구약에서 타락의 상징이며 죄 중에서도 가증한 죄로 기록된 동성애를 죄로 인정하지 않는 데에 퀴어 해석의 오류가 있다.

신약성경에서 본 동성애

이풍인 교수(총신대학교 신학대학원, 신약)

글을 시작하며

동성애는 먼 나라 이야기가 아니다. 오늘날 한국사회에 깊이 침투해 있으며, 동성애의 합법성을 주장하는 사람들은 인권을 주장하며 자기들의 입지를 확보하려고 노력하고 있다. 즉 동성애에 대해 색안경을 끼고 보는 것은 헌법에서 보장하고 있는 인간의 권리에 대한 박탈과 탄압을 의미하는 것이라고 주장한다. 이러한 움직임을 통해 이들은 세계 여러 나라의 동성애자들과 연대하여 자신들의 입지를 더 공고히 하고, 동성애를 용인하는 쪽으로 입법을 추진하며, 압력단체로서 자신들의 뜻을 관철시키려고 노력하고 있다. 대표적인 것이 차별금지법이다. 이러한 동성애자들의 주장은 전통적으로 남성과 여성으로만 분류해온 인간의 성(gender)에 대한 이해를 버리고 제3의 성을 인정해야 한다는 쪽으로 목소리를 높이고 있다. 대중매체에서도 동성끼리 결혼하는 모습이 심심찮게 소개되고 있다.

기독교는 이러한 움직임에 강하게 반대한다. 서구사회는 전통적으로 기독교적 가치관에 바탕을 두고 유지되었는데, 종교다원주의와 상대주의적인 가치관을 용인하는 포스트모더니즘의 확산으로 인해 전통적인 기독교적 가치가 위협을 당하는 형편에 처해 있다. 동성애를 용인하고 동성 간의 결혼을 인정하는 움직임은 기독교적 가치관과 정면으로 충돌할 수밖에 없다. 따라서 그들의 움직임에 강한 반대를 표명하는 기독교에 맞서기 위해 동성애를 지지하는 사람들이 취한 태도는 성경에서 동성애에 대해 말하고 있는 구절들에 대해 전통적인 이해와는 다른 새로운 이해를 제시하는 것이었다. 이러한 시도들은 바울이 사용한 단어에 대한 연구, 바울 당시 사회 상황에 대한 연구, 페미니즘이나 이데올로기 접근과 같은 방식을 통해 이루어졌다. 이 글에서는 동성애에 대한 바울의 입장에 대해 전통적인 접근과는 다른 시도들을 한 부분에 대해 설명과 더불어 비판하고, 이어서 바울이 동성애에 대해 언급한 구절들, 즉 로마서 1장 26-27절, 고린도전서 6장 9절, 디모데전서 1장 10절에 대한 분석을 제공하고자 한다.

로마서 1:26-27에 대한 친(親)동성애적인 접근들

동성애를 지지하는 학자들은 로마서 1장 26-27절을 해석하면서 동성애에 대한 바울의 입장을 그 당시에 국한된 입장이라는 쪽으로 몰고 가거나, 바울의 논증이 동성애를 심각한 것으로 보고 있지 않다는 쪽으로 설명한다. 이러한 시도들에 대해 영국 브리스톨에 위치한 트리니티 칼리지(Trinity College)의 신약학 교수 존 놀란드(John Nolland)는 2000년에 출판한 *Romans 1:26-27 and the Homosexuality Debate*에서 그때까지 있었던 친동성애적 접근을 유형별로 정리하였다. 그는 A와 B 유형으로 나누어 기술하는데, 요약하면 다음과 같다.[1]

유형 A

이 유형은 오늘날 기독교 성 윤리의 형성에서 바울은 어떤 연관성도 지니지 않는다고 주장하는 입장이다. 이 유형에 속하는 접근들의 공통점은 동성애를 언급하고 있는 바울에 대한 공격을 담고 있다는 점이다. 바울이 동성애에 대해 정확히 알지 못

---

1 John Nolland, "Romans 1:26-27 and the Homosexuality Debate," *Horizon in Biblical Theology* 22/1 (2000), 33-36.

했다고 하거나, 동성애에 대한 견해를 그가 단지 인용하는 것일 뿐 심각하게 생각하지 않았다는 쪽으로 몰아가는 것이다. 그 내용을 살펴보면 다음과 같다.

a. 바울의 경우, 인간에 대한 본성적 이해에서 잘못되었다. 현대인들 가운데 인구의 일정 비율에 해당하는 사람들은 동성애가 자연스럽다는 것을 알기에 그러한 성향을 지닌 자들이 자기의 성적 성향을 표현하고 드러내는 것은 변태적인 것이 아니라 자연스러운 것이라고 생각한다. 만약 바울이 오늘날 우리가 본성적으로 동성애적 성향을 가진 사람들이 있다는 것을 알았더라면, 그가 성경에서 말한 것처럼 말하지는 않았을 것이다.[2]

b. 바울의 동성애에 대한 입장은 그 당시 사람들이 가지고 있던 가부장적인 관점에 의해 왜곡된 것이다. 당시 다른 사람들처럼 바울은 동성애적인 관계는 남성의 지위와 명예에 대한 공격이라고 생각되었기에 반대했다. 남자가 여자처럼 수동적인 입장을 취하는 것은 적합하지 않다고 생각했기에 비판한 것이다.[3]

---

[2] Victor P. Furnish, "The Bible and Homosexuality: Reading the Text in Context," in *Homosexuality in the Church: Both Sides of the Debate*, edited by Jeffrey S. Siker (Louisville: Westminster/John Knox, 1979), p.26; Gerard Loughlin, "Pauline Conversations: Rereading Romans 1 in Christ," *Theology and Sexuality* 11/1 (2004), 89.

[3] Bernadette J. Brooten, *Love Between Women: Early Christian Responses to Female Homoeroticism* (Chicago: University of Chicago Press, 1996)

c. 바울의 동성애에 대한 입장은 오늘날 우리가 규범으로 삼기에는 시대에 뒤떨어진 것이다. 바울 당시에도 "생육하고 번성하라"와 같은 성경에 나오는 명령들이 그대로 지켜지지 않았고, 새롭게 해석되었다. 바울 자신이 그와 같은 시도들을 하고 있는 모습을 볼 수 있기에 오늘날 우리는 바울의 동성애에 대한 입장을 그대로 받아들여서는 안 된다.[4] 또한 그의 입장은 주후 1세기 당시의 명예, 수치, 거룩이라는 개념을 반영하는 것으로 이해해야 한다. 이러한 접근은 바울을 철저하게 '그 시대의 아들'로 보려는 것이다.[5]

d. 바울은 이방인들의 삶에 대해, 특히 이방인들의 전통 속에서 동성애의 역할에 대해 잘 알지 못했다. 만약 그가 그리스 문화에서의 동성애 전통의 존엄성과 아름다움에 대해 알았더라면, 그는 그렇게 거친 말로 동성애를 묘사하지 않았을 것이다.[6]

e. 바울은 로마서 1장 18-31절의 내용을 다룰 때 당시 많은 사람들에게 알려져 있던 표준적인 리스트를 가져왔을 뿐이다.

---

[4] Margaret Davies, "New Testament Ethics and Ours: Homosexuality and Sexuality in Romans 1:26−27," *Biblical Interpretation* 3 (1995), 320−321.

[5] Leland J. White, "Does the Bible Speak about Gays or Same−Sex Orientation? A Test Case in Biblical Ethics. Part I," *Biblical Theology Bulletin* 25 (1995), 14−23.

[6] Norman Pittenger, *Time for Consent: A Christian's Approach to Homosexuality* (London: SCM, 1976), p.82.

바울은 이 리스트에 등장하는 특정한 주제에 대해 복음적인 측면에서 다르게 이해해야 한다고 주장하지 않았고, 동성애에 대해서도 집중하고 있지 않다. 그는 죄라는 측면에서 개괄적으로 다룰 뿐이기에 우리는 기독교 윤리라는 측면에서 이 구절에 접근할 때 리스트의 아주 작은 부분을 확대 해석하는 우를 범하지 말아야 한다.[7]

유형 B

이 유형에 속하는 입장은 동성애에 대한 바울의 구절들이 오늘날 행해지고 있는 동성애와는 아무런 연관성이 없다는 입장이다. 이러한 접근은 바울이 동성애에 대해 그렇게 심각하게 말하고 있지 않다는 쪽으로 나아간다. 정리해보면 다음과 같다.

a. 바울이 문제를 삼고 있는 것은 우상숭배의 결과로서 동성애다. 하나님을 떠나 피조물을 섬기는 행위는 그것이 무엇이든지 기독교인들에게 받아들여질 수 없다. 그러나 현대의 동성애 기독교인들의 모습을 보면 바울이 염려한 모습과는 다른 것을 발견할 수 있다. 경건한 기독교인으로서 하나님을 섬기고 사랑과

---

[7] George R. Edwards, *Gay/Lesbian Liberation: A Biblical Perspective* (New York: Pilgrim, 1984), 85–102.

믿음에 기초한 신앙생활을 하는 동성애자들이 있다.[8]

b. 바울이 문제 삼고 있는 것은 동성애가 아니라 정욕(lust)이다. 로마서 1장 24절에서 바울은 몸을 욕되게 하는 마음의 정욕에 대해 언급한다. 이런 측면에서 로마서 1장 26-27절을 읽으면 바울이 비난하는 내용은 동성애적인 행위나 사랑이 아니라 동성애적인 탐욕이라고 할 수 있다. 이러한 입장은 유형 B의 a와 연관이 있다고 볼 수 있다.

c. 바울이 실제적으로 언급하고 있는 사람들은 본성적으로 동성애가 자연스러운 사람들이 아니라, 이성애의 본성을 지니고 있지만 동성애 관계를 통해 스릴을 만끽하는 자들이다. 이 입장을 견지하는 대표적인 학자로 미국 예일대학교의 역사학과 교수 존 보스웰(John Boswell)을 들 수 있다. 그의 책이 출판된 이후로 성경에서 바울이 말하는 동성애와 오늘날의 동성애를 구별하려는 시도들이 많아졌고, 이러한 접근은 동성애와 관련하여 성경에서 말하고 있는 것이 영향을 끼칠 수 없다는 논리를 세우고 있다.[9]

---

[8] Simon J. Ridderbos, "Bibel und Homosexualität," *Der Homosexuelle Nächste: Ein Symposion* (Hamburg: Furche, 1963), pp.50-73.

[9] John Boswell, Christianity, *Social Tolerance, and Homosexuality: Gay People in Western Europe from the Beginning of the Christian Era to the Fourteenth Century* (Chicago: University Press, 1980), 109. 보스웰의 로마서 1장 26-27절에 대한 분석에 대해 신약학자들이 비판적인 반응을 하였다. 대표적인 학자로는 리처드 헤이즈(Richard Hays), 톰 라이트(David Wright)와 스크룩스(Scroggs)를 들

d. 바울이 로마서에서 말하는 동성애와 관련된 엄격함은 현대인들이 알고 있는 것과 같은 동성애 관계가 아니라, 고대에 성인 남성이 미소년과 성적 관계를 맺는 남색(pederasty)에 한정되는 것이라 할 수 있다.[10] 스크록스(Scroggs)는 바울이 당시 알려져 있던 유일한 형태의 동성애에 대해 다루고 있다고 주장한다. 이러한 주장에 대해 과연 바울이 알고 있던 동성애가 그것밖에 없었을까 하는 의문을 가지게 한다. 스미스(Smith)는 그리스-로마 사회에서 남색이 아닌 다른 유형의 동성애가 있었음을 자료를 통해 잘 반박하였다.[11]

e. 바울이 동성애 관계를 죄가 아니라 부정한(unclean) 것으로 여긴다. 유대인들은 정/부정을 매우 중요하게 여겨서 부정한 것들을 멀리했다. 동성애적인 관계는 그런 측면에서 유대인들에게 금지된 것이었다. 그러나 다른 의식적인 거룩이 복음 안에서

수 있다. 이것에 대해서는 Mark D. Smith, "Ancient Bisexuality and the Interpretation of Romans 1:26-27," *Journal of the American Academy of Religion* LXIV/2 (1996), 226, n6을 참고하라.

10 Robin Scroggs, *The New Testament and Homosexuality: Contextual Background and Contemporary Debate* (Philadelphia: Fortress, 1983). 스크록스는 남색이 단지 행위 이상의 의미를 지닌 것으로, 문화와의 관련성 속에서 불평등과 수치와 관련이 있다고 말한다. 즉 수동적 입장에 놓인 소년의 경우에는 인간성 상실까지 겪게 될 수 있는 파괴적인 성격을 지니고 있다고 설명한다(pp.36-37). 바울은 이와 같은 나이 차이가 엄연히 존재하는 남색에 대해 로마서 1장에서 반박하고 있으며, 다른 유형의 동성애에 대해서는 몰랐을 것이라고 말한다.

11 Mark D. Smith, "Ancient Bisexuality and the Interpretation of Romans 1:26-27," 232-238.

승화되었던 것처럼 바울은 의식적인 부정에 해당하는 동성애를 이방인들이 행하는 것을 금하지 않았다. 바울은 동성애와 관련해서 두 가지 초점을 가지고 있었다. 하나는 동성애를 통해 이방인들의 부정함을 보여줌으로써 유대인들이 동성애에 대해 가졌던 반감을 바울 자신도 가지고 있다는 것을 보여주는 것이었다. 또 다른 하나는 기독교 복음은 유대인의 관점에서 볼 때 부정하다고 여긴 것들을 버리도록 이방인에게 요구하지 않는다는 것을 그의 글을 읽는 이방인 독자들에게 알리고자 하는 목적이 있었다.[12]

f. 우리는 로마서 1장 18-31절을 동성애에 대한 바울의 입장을 형성하는 데 결코 사용하지 말아야 한다. 이유는 두 가지다. 먼저 이 구절은 바울의 편지 중에서 바울이 쓴 부분이 아니라 후대에 첨가된 부분이다. 후대의 필사자가 로마서 1장 18절-2장 29절을 바울의 사상과 잘 어울린다고 생각하여 삽입했지만 실제로는 바울의 견해와 상충한다.[13] 둘째도 바울은 1장 18-31절의 내용을 2장 1절에서 "그러므로 남을 판단하는 사람아, 누구를 막론하고 네가 핑계하지 못할 것은 남을 판단하는 것으로 네

---

12 William Countryman, *Dirt, Greed, and Sex: Sexual Ethics in the New Testament and Their Implications for Today* (Philadelphia: Fortress, 1988), 110-123.

13 John C. O'Neill, *Paul's Letter to the Romans* (Harmondsworth: Penguin, 1975), 52-53.

가 너를 정죄함이니 판단하는 네가 같은 일을 행함이니라"고 비난하는 다른 사람을 향한 비난의 일종으로 묘사하고 있다. 그래서 바울은 1장 18-31절을 비난하지 말아야 한다는 것을 보여주기 위해 인용하고 있을 뿐이다.[14]

이제까지 로마서 1장 26-27절에 대한 친동성애적인 입장들을 살펴보았다. 이들은 동성애에 대해 반박하고 있는 바울의 무지를 언급하거나, 바울이 문제 삼았던 동성애의 유형이 현대의 동성애와는 별개의 것이었다고 주장함으로써 동성애 논의에서 바울의 강한 비판이 설 자리를 잃게 하고자 했다.

로마서 1:26-27에 대한 주해적 접근

위에서 언급한 친동성애적인 입장들이 옳은지를 살피기 위해서 우리는 주석적인 접근을 해야 할 필요가 있다. 의사가 환자를 대할 때 매뉴얼이 있는 것처럼 본문을 대할 때 고려해야 하는 요소들이 있다. 우리는 이 구절들을 주해의 과정을 통해 하나하나 살펴봄으로써 바울이 말하고자 하는 것이 무엇인지를 살펴볼 것이다.

---

[14] Calvin L. Porter, "Romans 1.18-32: Its Role in the Developing Argument," *Novum Testamentum* 34 (1984), 210-228.

본문을 이해하기 위해서 대체로 거쳐야 하는 작업이 있다. 이를 몇 단계로 구분해보면, 본문 번역(사역과 다른 번역 참조) – 본문 비평 – 문맥 – 역사적·문화적 배경 연구 – 단어 연구 – 신학적 난제 – 신학 – 적용이다.

본문 번역

헬라어 원문을 읽어보면 영어 ESV나 우리말 성경 개역개정이 직역했고, 공동번역이나 새번역 성경은 독자들이 이해하기 쉽도록 의역했다는 것을 알 수 있다.

1:26 Διὰ τοῦτο παρέδωκεν αὐτοὺς ὁ θεὸς εἰς πάθη ἀτιμίας, αἵ τε γὰρ θήλειαι αὐτῶν μετήλλαξαν τὴν φυσικὴν χρῆσιν εἰς τὴν παρὰ φύσιν, 1:27 ὁμοίως τε καὶ οἱ ἄρσενες ἀφέντες τὴν φυσικὴν χρῆσιν τῆς θηλείας ἐξεκαύθησαν ἐν τῇ ὀρέξει αὐτῶν εἰς ἀλλήλους, ἄρσενες ἐν ἄρσεσιν τὴν ἀσχημοσύνην κατεργαζόμενοι καὶ τὴν ἀντιμισθίαν ἣν ἔδει τῆς πλάνης αὐτῶν ἐν ἑαυτοῖς ἀπολαμβάνοντες.

〈사역〉 이로 인해 하나님께서 그들을 부끄러운 욕심에 내버려 두셨습니다. 왜냐하면 그들의 여자들이 자연스러운 관계를 자연스럽지 않은 것으로 바꾸었고, 그처럼 남자들도 또한 여자와의 자연스러운 관계를 포기하고, 그들 자신들의 정욕 안에서 서로서로 불타올라 남자들이 남자들과 수치스러운 행동들을 했고 그들 스스로가 그들의 잘못에 합당한 벌을 받았습니다.

⟨ESV⟩ For this reason God gave them up to dishonorable passions. For their women exchanged natural relations for those that are contrary to nature; and the men likewise gave up natural relations with women and were consumed with passion for one another, men committing shameless acts with men and receiving in themselves the due penalty for their error.

⟨개역개정⟩ 이 때문에 하나님께서 그들을 부끄러운 욕심에 내버려 두셨으니 곧 그들의 여자들도 순리대로 쓸 것을 바꾸어 역리로 쓰며 그와 같이 남자들도 순리대로 여자 쓰기를 버리고 서로 향하여 음욕이 불 일듯 하매 남자가 남자와 더불어 부끄러운 일을 행하여 그들의 그릇됨에 상당한 보응을 그들 자신이 받았느니라

⟨공동번역⟩ 인간이 이렇게 타락했기 때문에 하느님께서는 그들이 부끄러운 욕정에 빠지는 것을 그대로 내버려 두셨습니다. 여자들은 정상적인 성행위 대신 비정상적인 것을 즐기며 남자들 역시 여자와의 정상적인 성관계를 버리고 남자끼리 정욕의 불길을 태우면서 서로 어울려서 망측한 짓을 합니다. 이렇게 그들은 스스로 그 잘못에

대한 응분의 벌을 받고 있습니다.

(공동번역의 경우에는 현재분사를 현재시제로 번역했으나 앞 구문의 본동사가 아오리스트이므로 그 시제를 따라 과거로 번역하는 것이 더 적절해 보인다.)

〈새번역〉 이런 까닭에, 하나님께서는 사람들을 부끄러운 정욕에 내버려 두셨습니다. 여자들은 남자와의 바른 관계를 바르지 못한 관계로 바꾸고, 또한 남자들도 이와 같이, 여자와의 바른 관계를 버리고 서로 욕정에 불탔으며, 남자가 남자와 더불어 부끄러운 짓을 하게 되었습니다. 그래서 그들은 그 잘못에 마땅한 대가를 스스로 받았습니다.

헬라어 본문 1장 26절의 τὴν παρὰ φύσιν에서 전치사 παρά는 ESV의 'contrary to'나 개역개정의 '역(逆)'으로 번역하는 것이 합당해 보인다. 그러나 위의 친동성애적인 접근에서처럼 영어의 'beyond'로 번역해야 한다고 주장하는 입장들이 있는데, 과연 그것이 타당한지에 대해서는 이후 단어 연구를 통해 살펴보아야 할 필요성이 있어 보인다.

본문비평

놀란드 교수의 분류에 따른 유형 B의 f에서 주장하는 후대 첨가에 대한 부분이 타당성이 있는지 살펴볼 필요가 있다. 네슬―

알란트 28판을 참고할 때, 로마서 1장 26, 27절에 대한 난외주에서 이 구절들이 후대에 첨가되었다는 정보를 제공해주는 어떤 부호나 장치를 찾을 수 없다. 원문인지 아닌지 확실하지 않을 때 사용하는 [ ] 기호나 원문이 확실히 아니라고 할 때 사용하는 ⟦ ⟧ 기호가 없다. 참고로 마가복음 16장 9-16절 앞뒤에는 ⟦ ⟧가 있다. 왜냐하면 원문을 충실히 필사했다고 생각하는 시내 사본(알렙, ℵ)이나 바티칸 사본(B)에는 없기 때문이다.

|24! αἰῶνας, ἀμήν. **26** Διὰ τοῦτο παρέδωκεν αὐτοὺς ὁ θεὸς
TestJos 7,8 εἰς πάθη ἀτιμίας, αἵ τε γὰρ θήλειαι αὐτῶν μετήλλαξαν

15 ᵀ εν D* b vg^mss ¦ επ G ¦ ᵒG (cf vs 7) • **16** ᵀ του Χριστου D² K L P Ψ 104. 630. 1175. 1241. 2464 𝔐 ¦ txt 𝔓²⁶ ℵ A B C D*·c G 33. 81. 1505. 1506. 1739. 1881 lat sy co ¦ ᵒG ¦ ᵒB G sa; Mcion^T • **17** ᵀ μου C* • **18** ᵀ του θεου ar vg^cl sa; Ambst • **20** ᵒL 1506* • **23** ⌐ηλλαξαντο K 6. 630 • **24** ᵀ και D G K L P Ψ 365. 630. 1175. 1241. 1505. 1506. 2464 𝔐 b sy^h ¦ txt ℵ A B C 33. 81. 104. 1739. 1881 lat sy^p co; Spec ¦ ⌐εαυτοις G K L P Ψ 33. 365. 630. 1175. 1241. 1505. 1506. 1739. 1881^c. 2464 𝔐 ¦ txt 𝔓⁴⁰ᵛⁱᵈ ℵ A B C D 81. 104. 1881*

τὴν φυσικὴν ⌐χρῆσιν εἰς τὴν παρὰ φύσιν¬. **27** ὁμοίως ⌐τε καὶ οἱ ἄρσενες ἀφέντες τὴν φυσικὴν χρῆσιν τῆς θηλείας ἐξεκαύθησαν ἐν τῇ ὀρέξει αὐτῶν εἰς ἀλλήλους, ἄρσενες ἐν ἄρσεσιν τὴν ἀσχημοσύνην κατεργαζόμενοι καὶ τὴν   Lv 18,22; 20,13 1K 6,9
ἀντιμισθίαν ἣν ἔδει τῆς πλάνης αὐτῶν ἐν ⌐ἑαυτοῖς ⌐ἀπολαμβάνοντες. **28** Καὶ καθὼς οὐκ ἐδοκίμασαν τὸν θεὸν

KJV는 원문을 많이 훼손했다고 생각되는 비잔틴 본문 유형에 속하는 소문자 사본에 근거해서 만들어진 공인본문(Textus Receptus)을 저본으로 하는데, 이 KJV의 로마서 1장 26-27절의 번역도 ESV나 개역개정과 별반 다르지 않다. 이것은 사본학적으로

이 구절에 대한 이문이 없다는 증거다. 그런데 친동성애 성향을 보이는 학자들이 로마서 1장 26-27절을 후대 삽입이라고 하는데, 그 근거를 알 수 없다. 이들의 주장은 사본학적인 입장에서는 주장하기 어렵고 최초의 필사본이 등장하기 이전 단계의 첨가를 의미하는데, 그것이야말로 마음 내키는 대로 시나리오를 쓰는 것과 같은 자의적인 것이다. 원문과 후대 첨가의 부분을 논할 때 우리가 관심을 기울일 부분은 사본에서의 이문 여부를 살피는 것이다. 하지만 이 구절과 관련해서는 후대 첨가를 입증할 만한 사본학적 증거 자료들이 없다. 그러기에 로마서 1장 26-27절은 바울이 쓴 것이다.

문맥

친동성애적인 경향을 띠는 글들이 가장 간과하는 부분이 문맥이다. 위에서 언급한 친동성애적 접근에서는 유형 B의 a와 b가 이 주제에 해당한다고 볼 수 있다. 유형 B의 a에서는 바울이 실제로 로마서 1장 26-27절에서 문제 삼는 동성애는 우상숭배로 이어지는 것이라고 지적한다. 유형 B의 b에서는 바울이 문제 삼는 것은 정욕이라고 주장한다. 그러나 문맥을 살펴보면 바울은 특정한 동성애에 대해 말하고 있는 것 같지 않다. 신약성경 본문을 많이 다루고 있는 버나데트 브루텐의 경우에도, 놀란드 교수가 잘 지적한 것처럼, 로마서 1장 27절에만 집중할 뿐 그 구

절이 속한 1장 18-31절이나 이어지는 구절들에 대해 별로 고려하지 않는 한계를 보인다.[15]

1장 26-27절의 근접문맥은 1장 18-32절이다. 이 단락에서 바울은 우상숭배의 원인과 결과, 일반적인 왜곡된 예배로서 우상숭배, 몸의 왜곡된 사용으로서 성적인 죄와 다른 사람들과 세상의 왜곡된 관계로서 사회적인 죄에 대해 다룬다. 바울은 하나님을 떠나 피조물을 섬김으로 생겨난 죄의 양상에 대해 설명한다. 이러한 것들은 실제적인 삶의 경험에서 확인된다.[16] 놀란드는 1장 18-31절의 이어지는 구절들을 고려해야 한다고 주장한다. 그는 먼저 3장 9절, "그러면 어떠하냐 우리는 나으냐 결코 아니라 유대인이나 헬라인이나 다 죄 아래에 있다고 우리가 이미 선언하였느니라"에 관심을 기울인다. 3장 9절에 따르면 바울은 이 구절 이전에 이방인과 유대인 모두 죄 아래 있다는 논증을 펼쳤다.[17] 그러면 어느 구절에서 그렇게 말한 것일까? 유형 B의 f입장, 즉 1장 18-31절이 단지 다른 사람을 반박하지 말아야 하는 의미로 인용된 것이라고 주장하는 사람들은 3장 9절에서 말하는 모든 사람이 죄인이라는 것을 2장 1-29절 사이에서 찾아야 한다. 바울은 로마서 1장 16절에서 복음에 드러난 하나님의 능

---

15 John Nolland, "Romans 1:26-27 and the Homosexuality Debate," 36-37.

16 Mark D. Smith, "Ancient Bisexuality and the Interpretation of Romans 1:26-27," 224.

17 John Nolland, "Romans 1:26-27 and the Homosexuality Debate," 37.

력에 대해 말하면서 유대인과 이방인에게 그 능력이 미치고 있음에 대해 말하고 있다. 그러면서 유대인과 이방인을 향해 이중적인 초점을 가진 것으로 설명한다. 2장 9-10절은 악을 행하고 선을 행하는 것에 대한 보응이 유대인과 이방인에게 있을 것이라고 말하지만, 정작 3장 9절에서 바울이 말한 내용과는 연관이 없다. 2장 21-23절은 하나님의 백성인 유대인들이 이방인들 사이에서 잘못 행함으로 이름을 욕되게 하는 부분을 지적한다.[18]

로마서 1장 18-31절은 일차적으로는 이방인들을 향한 유대인들의 고소를 담고 있다. 그러나 그것이 전부일까? 더 넓혀서 이해할 수는 없을까? 18절에서 말하는 사람들은 누구를 가리키는 것일까? 18-31절의 핵심적인 부분은 우상숭배이므로 이방인들과 잘 부합되는 것처럼 보인다. 그러나 몇몇 구절들은 이방인들에게 좁혀서 적용하는 것을 주저하게 만든다.[19] 23절은 시편 106편 20절(칠십인경 105:20)을 반영하고 있다. "자기 영광을 풀 먹는 소의 형상으로 바꾸었도다." 시편 106편은 호렙산에서 이스라엘 백성들이 금송아지를 만든 사건을 언급하는 것이다. 신명기 4장 17-18절은 이스라엘 백성에게 우상숭배를 금하는 모세의 경고를 담고 있다. 분명히 로마서 1장 23절은 창세기 1장 26절과 깊은 연관성이 있다. 우상숭배는 1세기 유대인들에게는 위협거리

---

[18] John Nolland, "Romans 1:26-27 and the Homosexuality Debate," 38.
[19] John Nolland, "Romans 1:26-27 and the Homosexuality Debate," 39.

가 아니었을 수 있으나, 이전 역사에서는 중요한 부분이었다. 이런 측면에서 보면 로마서 1장 18-31절은 과거 역사와의 연관성 속에서 현재를 보는 것으로 이해할 수 있다. 동물의 형상에 집중하는 우상숭배는 그리스-로마 세계에서의 종교적인 생활과는 잘 맞지 않을 수 있지만, 애굽에서의 유대인들의 종교적인 삶과는 잘 어울린다. 로마서 1장 18-31절은 일차적으로 이방인과 관련이 있는 것이 분명하나, 단지 이방인들과만 연관성을 지닌다고는 할 수 없다. 2장 1절을 통해서 바울이 경계를 허무는 작업을 하고 있다고 볼 수 있다. 1장 18-31절에 명백하게 포함되는 사람들인 이방인들과, 그 내용을 읽으며 고개를 끄덕일 수 있는 유대인들을 염두에 두고 적고 있다고 볼 수 있다. 그리고 2장 1-5절을 통해 유대인들의 죄 됨에 대해 말한다.[20]

역사적·문화적 배경 연구

친동성애적인 경향을 띠는 논문들이 가장 많이 주목한 부분이 바로 이것이다. 주후 1세기 당시의 역사적·문화적 배경을 살펴보았더니 전통적으로 교회가 이해하던 것과는 다른 부분들이 있더라는 주장이다. 위에서 언급한 유형 A의 b, c, d와 유형 B의 a, d, e가 여기에 속한다.

---

20 John Nolland, "Romans 1:26-27 and the Homosexuality Debate," 40-41.

친동성애적 입장의 글들 중에서 유형 B의 a는 바울이 비판하는 동성애는 우상숭배로 이어지는 것이라는 주장이다. 이러한 주장에 대해 동성애를 찬성하는 보스웰이 반박한다. 몇몇 학자들이 바울이 로마서 1장에서 반박하고 있는 것은 우상숭배와 연관이 있는 신전에서의 동성애라고 주장하지만, 보스웰은 세 가지 이유를 들어 그것을 따르지 않는다. 첫째, 신전에서의 성적인 관계는 동성애자들만이 아니라 이성애자들도 있었다. 둘째, 바울은 성적 행위 자체를 반대했지, 누가 관련이 있었는가 하는 것은 중요하게 여기지 않았다. 셋째, 바울은 아무런 감정 없이 의식에 따라 행해지는 성적 행위에 대해 묘사하고 있는 것이 아니다. 왜냐하면 그는 정욕이라는 단어를 사용하고 있기 때문이다. 보스웰은 바울이 동성애 행위에 대해 언급하고 있는 주된 이유는 어떤 종류의 동성애에 대해 낙인 찍으려는 것이 아니라 이방인들의 경건치 못함에 대해 언급하는 것이라고 잘 지적하였다.[21]

친동성애적인 경향을 띠는 여러 글들 중에서 버나데트 브루텐의 입장은 유형 A의 b에 해당한다. 가부장적인 입장에서 동성애에 대해 바울이 접근하고 있다는 주장이다. 우리는 이런 말에 쉽게 속아서는 안 된다. 브루텐은 로마서 1장 26-27절은 바

---

21 John Boswell, Christianity, *Social Tolerance, and Homosexuality*, 107-117. 이러한 보스웰의 견해를 Richard B. Hays, "Relations Natural and Unnatural: A Response to John Boswell's Exegesis of Romans 1," Journal of Religious Ethics 14/1 (1986), 186에서 요약함.

울이 동성애적인 사랑에 대해 반박하는 내용인데, 특히 여성 동성애에 대해 비판하는 것으로, 이러한 비판은 바울의 여성 종속주의 생각을 반영하는 것으로 성적 불균형을 드러낸다고 지적한다. 레위기 18장과 20장을 보면 남성 간의 동성애만을 묘사하는데, 바울이 여성의 동성애에 대해 언급한 것은 가부장적인 관점에서 여성을 깎아내리려는 의도가 있다는 것이다. 그러기에 교회는 이러한 잘못된 입장을 드러내고 있는 이 구절을 권위 있는 것으로 받아들여서는 안 된다고 말한다.[22] 이러한 주장은 페미니스트적인 관점으로 성경을 보는 학자들 사이에서 종종 발견된다. 남성우월주의적인 사고를 반영하는 구절들을 해체해서 읽어야 하기에 그것 자체로는 권위가 없다는 것이다.

스미스는 고대 문학과 예술에 나타난 여성 간의 동성애에 대한 기록을 살피며 바울 당시에도 스크록스의 주장과 달리 여성 간의 동성애가 행해졌고, 바울은 1장 26절에서 여성 사이의 동성애에 대해 언급하고 27절로 넘어가며 '이와 같이'(호모이오스, ὁμοίως)라는 단어를 사용하여 남성 간의 동성애로 확장시키고 있다고 지적한다.[23] 이러한 이해와 맞물려 제임스 던은 그의 로마서 주석에서 바울은 여성 간의 동성애로부터 시작해서 당시 만연했던 남성 간의 동성애에 대해 언급함으로 그의 논증을 점층

---

22 Bernadette J. Brooten, *Love Between Women*, 302.
23 Mark D. Smith, "Ancient Bisexuality and the Interpretation of Romans 1:26-27," 243.

적으로 펼치고 있다고 잘 지적하였다.[24] 따라서 우리는 바울이 말하는 것이 동성애의 특정한 양상이 아니라 전체적이고 포괄적인 것이라는 것을 확인할 수 있다. 바울은 다른 편지에서 가족 코드(family code)에 대해 다룰 때도 남자와 여자를 함께 다룬다. 갈라디아서 3장 28절에서 복음은 남자와 여자에게 동등하게 영향을 미친다고 말한다. 로마서 1장 26-27절을 다룰 때 창세기 1장 26절과의 연관성을 고려하면, 남자와 여자에 대해 바울이 말하는 부분을 이해할 수 있다.[25] 바울이 여성 동성애에 대한 반박을 통해 여성의 지위를 깎아내리려는 시도를 하고 있다고 보는 브루텐의 주장은 맞지 않다. 여자가 남자의 역할을 함으로써 남성의 영역을 침범하고 있다고 비난하지도 않고, 남자가 여자처럼 수동적인 위치에 있는 것을 반박하지도 않는다. 바울은 남자와 여자 예외 없이 하나님께 범죄하였다고 말하고 있다.

유형 A의 c와 유형 B의 e는 일맥상통하는 부분이 있다. 바울은 동성애 자체에 대해 반박하는 것이 아니라 당시 명예, 수치, 거룩함이라는 인식의 틀 속에서 동성애를 행하는 이방인들의 부정함(uncleanness)에 대해 말하고 있다는 주장이다. 그러나 앞에서도 언급한 것처럼 바울은 이방인들뿐만 아니라 유대인들의 죄 됨, 즉 모든 인간이 하나님 앞에서 범죄하였다는 것에 대해

---

[24] 제임스 던, 『로마서 1-8』 김철 & 채천석 역 (서울: 솔로몬, 2003), 186.
[25] John Nolland, "Romans 1:26-27 and the Homosexuality Debate," 49.

말하고 있다. 유형 B의 d에서처럼 바울이 반박하는 것은 성인 남성과 청소년 남자 아이 사이의 남색이라는 주장도 로마서 1장 26-27절에서 근거를 찾을 수 없다. 또 보스웰이 지적하는 유형 B의 c처럼 바울은 이성애자가 동성애적인 모험을 하는 것에 대해 강하게 비판하고 있다는 주장도 본문의 논증 속에서 그 실마리를 찾기 어렵다.

이러한 역사적·문화적 배경에 근거해서 본문을 살필 때, 본인이 원하는 것을 본문 속에 넣어서 찾으려고 하는 자기해석(eisgesis)의 오류를 범하기 쉽다는 것을 확인할 수 있다.[26]

단어 연구

존 보스웰은 동성애에 대해 초대교회가 비교적 관대한 입장을 지니고 있었다고 주장한다. 이러한 관점에서 그는 바울이 비난하는 자들은 명백하게 동성애자들이 아니며, 이성애자들의 동성애적인 성향에 대해 비난하고 있다고 말한다. 그래서 바울은 본성상 동성애적인 경향을 지니고 있는 자들에 대해 말하고 있지 않다고 보아야 한다고 주장한다. 이런 해석은 문제의 여성들이 순리적인 관계를 역리로 바꾸었고, 남자들이 여자들과 자연스러운 관계를 포기했다는 데 있다고 본다. 보스웰은 문제의

---

26 Richard Hays, "Relations Natural and Unnatural," 201.

구절에서 현대적인 개념에서의 동성애에 대한 분명한 반대를 찾아볼 수 없다고 주장한다. 그러면서 로마서 1장 26절에 사용된 파라(παρά)는 'contrary to'가 아니라 'beyond'의 의미를 지녀서, 파라 피신(παρὰ φύσιν)은 'against nature'가 아니라 'beyond nature'로 해석해야 한다고 말한다.[27] 그런데 과연 그의 주장이 설득력이 있는 것일까? 우리는 먼저 바울이 로마서에서 말하는 순리와 역리의 구분은 바울이 고안해낸 것이 아니라 플루타크의 플라톤에 대한 언급에 이미 등장한다는 데 주목할 필요가 있다. 이미 바울 이전에 순리와 역리라는 표현으로써 이성애와 동성애를 표현하고 있다는 것이다. 바울은 당시 사람들에게 잘 알려진 헬라화된 도덕 작품들의 구분을 따르고 있다.[28] 헬라화된 유대교에서도 동성애를 본성을 거스르는 것으로 반박했다. 따라서 로마서 1장 26절의 피시스(φύσις)는 창조 질서 속에서의 자연과 본성을 의미하는 것으로 바울은 이해했다고 보는 것이 적절해 보인다.

또한 유형 A의 e나 유형 B의 f에서 주장하는 것처럼, 바울은 동성애에 대한 주장을 로마서에서 중요하게 다루기보다는 단순 인용이나 이어지는 내용의 한 예로서 들고 있다고 주장함으로써 동성애에 대한 바울의 입장이 사소하다는 것을 입증하

---

[27] John Boswell, *Christianity, Social Tolerance, and Homosexuality*, 107-117.
[28] B. Hays, "Relations Natural and Unnatural," 193.

려는 것은 문제가 있다. 제임스 던은 그의 로마서 주석에서 바울은 23, 25, 27, 28, 29절과 31절에서 ἀφθάρτου(썩어지지 아니하는)//φθαρτοῦ(썩어질), κτίσει(피조물)//κτίσαντα(조물주), ἄρσενες(남자)//ἐδόκιμον(남자), φθόνου(적절하게여겼다)//ἀδόκιμον(상실한), φθόνου(시기)//φόνου(살인), ἀσυνέτους(우매하고)//ἀσυνθέτους(배약하고)와 같은 단어를 통한 언어유희와, 29절에서 불의, 추악, 탐욕, 악의와 같은 4개의 -ίᾳ로 끝나는 단어(ἀςικίᾳ πονηρίᾳ πλεονεξίᾳ κακίᾳ)와, 31절에서 ἀ로 시작하는 넷 혹은 다섯 단어(ἀσυνέτους ἀσυθέτους ἀνελεήμονας; 우매한 자요 배약하는 자요 무정한 자요 무자비한 자)[29]를 통해 솜씨 있게 자신이 원하는 것을 표현하고 있다고 적고 있다.[30] 이런 점을 고려할 때 바울은 단순히 인용하거나 옮겨 적는 차원을 넘어 자신이 의도한 것을 효과적으로 잘 서술하고 있다.

신학적 난제

친동성애적인 경향을 띠는 학자들은 로마서 1장 26-27절을 살피며 바울이 동성애에 대해 적대적이지 않았다고 주장한다. 또한 바울이 금기시하는 것은 이방인들 사이에 있었던 우상숭

---

29 디모데후서 3:3에서처럼 ἀσπόνδους(원통함을 풀지 아니하며)가 ἀνελεήμονας 앞에 삽입된 형태의 사본들도 있다.
30 제임스 던, 『로마서 1-8』, 169.

배로 이어지는 동성애였다고 주장하기도 한다. 보스웰의 주장처럼 바울은 이성애자들이 동성애적인 경향을 띠는 것에 대해 경계하고 있다고 말하기도 한다. 어떻든 친동성애자들이 주장하는 것은 바울이 동성애를 적대시할 아무런 이유가 없었다는 것이다. 이러한 주장에 대해 본문이 말하는 것을 우리는 잘 살펴보아야 한다. 과연 그들이 주장하는 것처럼 바울은 동성애에 대해 심각하게 생각하지 않았을까? 우리는 앞에서 로마서 1장의 문맥을 살피며 이와 같은 친동성애적인 주장이 바울의 신학과 부합되지 않는다는 것을 입증하였다.

신학

동성애에 대한 바울의 입장을 알기 위해서는 로마서뿐만 아니라 동성애에 대해 말하고 있는 바울의 다른 편지들도 살펴볼 필요가 있다. 바울은 고린도교회에 보내는 편지에서도 동성애에 대해 언급한다. 바울은 고린도전서 6장 9절("불의한 자가 하나님의 나라를 유업으로 받지 못할 줄을 알지 못하느냐 미혹을 받지 말라 음행하는 자나 우상 숭배하는 자나 간음하는 자나 탐색하는 자나 남색하는 자나")과 디모데전서 1장 10절("음행하는 자와 남색하는 자와 인신매매를 하는 자와 거짓 말하는 자와 거짓 맹세하는 자와 기타 바른 교훈을 거스르는 자를 위함이니")에서 동성애에 대해 말한다. 고린도전서 6장 9절에 나오는 두 단어 $\mu\alpha\lambda\alpha\kappa o\iota$(개역개정에서는 '탐색하는 자'로 번역함)와 $\dot{\alpha}\rho\sigma\epsilon\nu o\kappa o\hat{\iota}\tau\alpha\iota$(디모데전서 1:10에도 사용된 이 단어는 개역개정에서 '남색하는 자로 번역함)가 중요하다. 먼저 μαλακοὶ는 μαλακός라는 형용사의 복수 형태로 '부드러운', '여성적인' 혹은 '나약한'이라는 의미로 사용되었다. 이 단어는 마태복음 11장 8절과 누가복음 7장 25절에서 '부드러운'이라는 뜻으로 사용되었다. 그러나 이 단어가 성적인 관련성 속에서 사용될 때는 '수동적인 입장에 있는 남자'를 의미하는 것으로 사용된다. 반면에 ἀρσενοκοῖται는 남자들 사이의 동성애 관계에서 '적극적인 입장에 있는 남자'를 의미한다.[31] 그래서 데일 마틴(Dale Martin)의 경우에는 바울이 고린도전서에서 문제 삼고 있는 것은 성인 남성과 미소년 사이에서 행해지는 특정한 형태의 동성애(pederasty)이지, 동성애 전반에 대해 반박하는 것은 아니라고 주장한다. 그러나 이경직은 플라톤의 『향연』에서 일시적이 아니라 평생 지속된 동성애에 대한 비판이 있음을 언급하며, 특정한 형태의 동성애로 국한시키려고 하는 시도를 반박하고 있다.[32] 바울은 고린도교회에 보내는 편지 속에서 이와 같은 행위를 하는 자들은 하나님 나라를 유업으로 받을 수 없다고 분명히 경고하고 있다. 또한 그의 사랑하는 영적 아들이자 동역자 디모데에게 편지하면서 거짓 율법 선생들의 가르침을 멀리하라고 권

---

31 Abraham Smith, "The New Testament and Homosexuality," *Quarterly Review* 11/4 (1991), 23; Ed. L. Miller, "More Pauline References to Homosexuality?" *Evangelical Quarterly* 77/2 (2005), 130; 김지철, 『고린도전서』 (서울: 대한기독교서회, 1999), 254.
32 이경직, "신약에 나타난 동성애," 『기독교사회윤리』 5 (2002), 189-190.

면한다. 오늘날 많은 주석가들이 이 구절들을 해석하면서 동성애를 깊게 다루지 않으려고 하는 경향이 있다. 바울이 동성애에 대해 언급하기는 하지만, 다른 악행과 더불어 이해해야지 너무 의미 부여하는 것은 옳지 않다고 말한다. 더 나아가 바울의 말에서 동성애를 정죄할 이유를 찾을 수 없다고 주장한다.[33] 그러나 바울은 엄중하게 그와 같은 사람들이 교회 공동체와 분리되어야 한다고 주장한다.

신약성경에서 동성애에 대해 다루고 있는 다른 구절로 유다서 6-7절을 들 수 있다. 이 구절은 거짓교사들에 대해 언급하면서 자기 지위를 지키지 않고 자기 처소를 떠난 천사들을 심판하는 내용을 다룬다. 이는 에녹1서 6-19장에 나오는 내용이다. 7절에서는 구약성경에 나오는 성적 방종의 대표적 경우인 소돔과 고모라와 이웃 도시들도 그들과 같은 행동으로 음란하여 다른 육체를 따라가다가 영원한 불의 형벌을 받았다고 말한다. 그들이 다른 육체를 따랐다는 것이 무엇일까? 동성애를 가리키는 것일까? 아니면 천사들과 성적인 관계를 맺었다는 것일까? 각각의 입장을 지지하는 학자들이 있으나 거짓 교사들의 동성애적인 성향에 대해 지적하는 것으로 이해하는 것이 적절해 보인다.[34]

---

33 Victor P. Furnish, "The Bible and Homosexuality: Reading the Text in Context," 24.
34 채영삼, 『공동서신의 신학: 세상 속의 교회, 그 위기와 해법』 (서울: 이레서원, 2017), 761-762.

적용

   동성애에 대해 우호적인 입장을 가진 학자들은 바울이 예수 그리스도를 통해 주어진 새 언약이라는 관점에서 구약의 여러 제도들과 사상들을 새롭게 정립하고 있다고 주장한다. 즉 새 언약의 일꾼, 제사제도, 하나님의 백성 됨이라는 주제에 대해서 새로운 의미를 부여하고 있다고 말한다. 그러면서 이와 같은 바울의 신학화 작업에서 동성애는 중요한 위치를 차지하고 있지 않으며, 바울이 사소하게 다루고 있는 주제를 마치 절대적인 것으로 다루어서는 안 된다고 주장한다. 그런데 그와 같은 주장이 과연 설득력이 있는 것일까? 실제로 바울은 당시 성도들에게 무엇이 본질적이고 무엇이 사소한지에 대해 설명한다. 예를 들면 고린도교회 성도들에게 보내는 편지에서 시장에서 팔리는 음식을 먹을 때 그것이 우상제물에게 바쳐진 고기인지 아닌지는 별로 중요하지 않다고 말한다. 그러나 혹 이러한 부분에 대해 예민한 자들이 있다면 그들의 양심을 고려하는 것이 중요하다고 말한다. 바울은 기독교인의 삶에서 중요한 것과 사소한 것을 구별하고 있다. 어떤 것은 기독교인이 절대로 해서는 안 되는 선악에 해당하는 것이 있는가 하면, 어떤 것은 해도 되고 하지 않아도 되는 사소한 것(adiaphora)이라고 가르친다. 이 둘을 지혜롭게 구분할 줄 아는 것이 성도들에게 필요하다. 본질적인 것을 사소한 것으로 취급해서는 안 될 것이고, 반대로 사소한 것을 본질적인 위치에 두어서도 안 된다.

이 둘 사이의 경계가 모호할 때 성도들은 혼란을 느낀다. 그럼 동성애는 과연 바울의 입장에서 볼 때 사소한 것일까, 아니면 본질적인 것일까? 친동성애적인 경향을 띠는 사람들은 바울에게 동성애는 사소한 것이라고 주장한다. 로마서 1장에서도 사형에 해당하는 것의 목록에 대해 말할 때 불의, 추악, 탐욕, 악의, 시기, 살인, 분쟁, 사기, 악독, 비방, 능욕, 교만, 부모 거역, 무매, 배약, 무정, 무자비를 들고 있다. 이 땅에서 사는 사람들 중에 이 항목에 하나라도 해당되지 않을 사람이 없으며, 이러한 자들은 사형에 해당하므로 모든 인간이 죄 가운데 있음을 확증하고 있다고 말한다. 그러면서 동성애는 이와 같은 죄의 목록 중 하나일 뿐이며, 바울은 결코 동성애를 따로 떼어 죄라고 말하지 않고 시기, 사기, 수군거림과 같은 사소한 악행과 더불어 언급하고 있다고 주장한다.[35] 그래서 동성애를 과대평가하여 죄라고 말하는 것은 바울에 대한 그릇된 이해라고 가르친다. 그러나 앞에서 밝힌 대로 동성애는 하나님이 보시기에 분명한 죄다. 창조질서를 허무는 것이요, 하나님으로부터 분리된 인간의 타락한 모습을 잘 드러내는 것이다.

---

[35] Abraham Smith, "The New Testament and Homosexuality," 26.

글을 맺으며

바울이 동성애에 대해 언급하는 구절들은 오늘날 동성애와 관련된 기독교 윤리를 말할 때 필수적인 요소로 작용할 수 있는가? 이 물음에 대한 대답은 "그렇다"이다. 바울은 결코 동성애의 문제를 사소한 것으로 다루지 않았다. 그는 분명 동성애가 죄라고 말하고 있다. 물론 바울이 동성애와 관련된 긴 논문을 쓰거나 그의 편지에서 집중적으로 다룬 적은 없다. 그도 그럴 것이 바울 당시의 상황에서는 로마 세계 전역에 예수 그리스도의 복음을 전하는 것이 훨씬 중요하고 긴박한 일이었다. 그래서 바울은 이방인이든 유대인이든 예수 그리스도를 믿어 구원을 얻는 것이 중요하다는 것을 가르쳤다. 바울의 전 생애를 살펴볼 때 오늘날의 기독교인들이 고민하는 것처럼, 삶에서 기독교적 가치관을 가지고 성도답게 사는 것이 일차적인 관심은 아니었던 것 같다. 물론 바울은 그의 편지에서 삶의 부분을 심도 있게 다룬다. 하지만 동성애를 떼어 설명하기에는 그가 해결해야 할 일들이 너무 많았기에 그렇게 하는 것이 쉽지 않았을 것이다. 바울이 고린도전서 5장에서 아버지의 아내를 취하여 음행한 자에 대해 너희 중에서 쫓아내라고 권면한 것을 생각하면, 동성애와 관련된 여러 구절들을 통해서 바울은 그것이 분명 죄에 속한 것이며, 성도들이 해서는 안 될 것이라고 분명하게 가르치고 있다고 보아야 한다. 그러나 동성애자들을 혐오하며 그들을 사탄 보듯이 경시해서는 안 될 것이다. 죄인들을 품으시고 용납하신 예수님처럼 그들이 하나님께서 지으신 창조질서 속에서 하나님의 아름다운 형상을 회복할 수 있도록 사랑으로 도와야 할 것이다. 성경, 전통, 이성과 경험이라는 측면에서 동성애의 주제를 생각해 보아도 성도들은 반드시 피하고 멀리해야 할 내용이라는 것을 알 수 있다. 이런 측면에서 바울의 편지들은 동성애와 관련해서 절대적인 권위와 가치를 지닌다고 말할 수 있다.

퀴어 신학의 이단성

이상원 교수(총신대학교 신학대학원, 조직)

들어가는 말

퀴어 신학(Queer Theology)은 이단인가? 어떤 신학이나 교파를 이단으로 규정할 때 이 신학이나 교파가 윤리적인 문제를 드러내고 있다든지, 사회에 어떤 물의를 일으켰다든지, 심지어 성경 본문에 대한 해석상의 차이를 드러냈다는 사실은 건덕(建德)상으로나 신학적으로 비판할 수 있는 근거는 될 수 있으나, 이단으로 정죄할 수 있는 근거로는 부족하다. 어떤 신학이나 교파가 이단으로 규정되기 위해서는 기독교의 정체성을 규정하는 핵심적인 기독교 교리와 삶의 원리, 그 가운데서도 특별히 하나님의 본질과 존재방식에 관한 인식에서 심각한 왜곡이 분명하게 드러나야 한다. 예를 들어서 주후 325년 니케아 공의회는 양자론을 주장하여 성자 하나님의 본질에 대한 이해를 왜곡시킨 아리우스를 이단으로 정죄하였고, 451년 칼케돈 공의회는 성자 하나님의 신성과 인성의 관계에 대하여 왜곡된 해석을 제시한 네스토리우스를 이단으로 정죄하였다.

퀴어 신학을 이단으로 규정한다는 말은 퀴어 신학이 이해하는 기독교 교리와 삶의 원리, 특히 하나님의 본질과 존재방식에 관한 이해 안에 기독교의 정체성을 무너뜨릴 수 있는 심각한 왜곡이 있다는 것을 의미하는데, 그것이 사실인가? 이 질문에 대해서 필자는 "사실이다"라고 분명히 답하고자 한다. 실제로는 사실 그 이상이다. 역사적으로 등장한 이단들의 특징은 초월적인 기독교 교리들을 합리적으로 무리하게 설명하려고 시도하다가 잘못된 길에 접어든 경우가 대부분이었다. 그러나 퀴어 신학은 이 정도에서 머무르지 않는다. 퀴어 신학은 하나님이 정해 주신 성 질서를 악의적으로 거스르는 음란한 성적 관행인 동성 간의 성교를 정당화시키기 위하여 하나님 자신을 동성애자로 묘사하고 있을 뿐만 아니라 음란한 성행위를 자행하는 주체로 대담하게 제시한다. 역사상 등장한 어떤 이단도 이처럼 하나님 자체를 성적으로 음란한 본성을 지니고 또한 음란한 행동을 일삼는 외설적인 하나님으로 대담하게 묘사한 경우는 없었다. 퀴어 신학의 신관은 역사상 등장한 이단의 차원을 넘어서 신성모독에 해당하는 내용을 담고 있다.

필자는 이 글에서 먼저 퀴어 신학이 무엇인가를 정의하고, 이어서 마르크스주의와 프로이드의 성심리학이 융합된 성해방 개념을 핵심으로 하는 퀴어 신학의 사상적 배경을 개관한 다음, 현대 신학의 한 분파로서 퀴어 신학의 신학방법론을 소개할 것이다. 그리고 이어서 퀴어 신학이 동성애와 성의 유동성 개념을 정당화하기 위하여 핵심적인 기독교 교리와 삶의 원리를 어떤 방식으로 왜곡시켜 해설하고 있는가를 제시할 것이다. 이 과정을 통하여 퀴어 신학이 이단으로 규정되어야만 하는 신학적인 이유들이 드러나게 될 것이다.

퀴어 신학의 정의

퀴어(queer)는 문자 그대로 '낯설고 이상한'[1]이라는 뜻을 지닌다. 퀴어 신학자들에 따르면 정통 기독교는 평범한 상식을 가진 사람들의 눈으로 보았을 때 '낯설고 이상한' 성격을 가진 것들을 신학의 중심주제로 채용했다. 예를 들어서 동정녀 탄생은 평범한 생물학적 상식을 가진 사람들이 볼 때 낯설고 이상한 현상일 수밖에 없지만 신학의 중심주제가 되었다. 삼위일체가 한 분 하나님이시면서 동시에 세 위격으로 존재한다는 것이나, 예수 그

---

1   Gerard Loughlin, *Queer Theology* (Malden: Blackwell, 2007), 7.

리스도 안에 신성과 인성이라는 대립적인 본성이 함께 있다는 것이나, 한 사람의 죽음이 많은 사람들을 구원하는 효력이 있다는 말이나, 생물학적으로 죽어서 해체되어버린 사람이 다시 살아난다는 것은 모두 합리적인 사람들의 눈으로 볼 때 낯설고 이상한 것들이다. 그런데 이러한 것들이 모두 신학의 중심주제가 되었다. 이와 같은 정통신학의 특성을 고려할 때 낯설고 이상한 것들이 신학의 중심을 차지하는 것은 당연한 일이라고 퀴어 신학자들은 말한다.[2]

그런데 정통 기독교는 "자신들의 관점과 다른 관점을 가진 자들을 정상이 아닐 뿐만 아니라 기괴하고, 병들고, 비정상적인 것"[3]이라고 하면서 오히려 신학의 중심부로부터 변두리로 쫓아내버리고 억압했는데, 이와 같은 태도는 모순이라고 퀴어 신학자들은 말한다.

여기서 퀴어 신학자들이 말하는 낯설고 이상한 것은 동성애 그리고 동성애와 관련되어 나타나는 유동적인 성 인식 등을 포괄적으로 뜻한다. 퀴어 신학자들은 정통 기독교는 동성애를 낯설고 이상한 것으로 인식하고 모독하고 억압해 왔지만, 실상은 기독교 신학 자체가 낯설고 이상한 것이기 때문에 낯설고 이상한 동성애는 기독교신학의 본질을 바르게 파악하고 있는 것이

---

2 Loughlin, *Queer Theology*, 9.
3 Didier Eribon 2004, *Insult and the Making of the Gay Self*, trans. by Michael Lucey (Durham, NC: Duke University Press), 15.

요, 따라서 동성애는 신학의 중심부를 구성해야 하고, 동성애에 대한 모독과 억압은 중지되어야 한다고 말한다. 퀴어 신학은 정통신학의 중심 주제들에 대한 재해석을 통하여 원래 신학의 중심부가 지니고 있는 낯설고 이상한 것들을 찾아내어 정통신학의 중심부를 채움으로써 낯설고 이상한 것을 억압으로부터 해방시키기 위한 신학적이고 이념적인 근거를 마련하려고 한다. 이들의 시도는 동성애를 정당화하는 새로운 신학을 수립하고자 하는 데 그 목적이 있다.[4]

퀴어 신학의 사상적 배경

칸트(Immanuel Kant)는 그의 순수이성비판을 통하여 이성을 통해서는 본체계를 인식할 수 없다는 결론을 내렸는데, 이 결론의 의미는 인간의 삶의 영역으로부터 하나님을 더 이상 고려할 필

---

4 퀴어 신학에 대한 L. M. 톤스타드의 설명은 이 내용을 보다 구체적으로 표현한다. "퀴어 신학은 기독교가 사람들이 동성관계에 완전히 참여하는 것을 받아들일 수 있는가, 젠더 정체성이 출생 시에 병원이 부여한 정체성과 부합하지 않는 사람들을 받아들일 수 있는가에 대하여 기존의 견해에 동의하지 않는 데서부터 시작된다. 퀴어 신학자는 기독교가 평생 지속되고, 법적으로 인정받고, 이성애적인 결혼 이외의 모든 성관계를 정죄한다는 주장을 논박하고, 기독교회가 동성 간의 결혼을 기꺼이 받아들이며 모든 사람의 젠더 정체성을 인정한다는 것을 옹호하기 위한 길을 모색한다."(Linn Marie Tonstad, *Queer Theology* 〈Oregon: Cascade Books·Eugene, 2018〉, 5)

요가 없으며, 모든 것을 하나님 없이 자율적으로 다루겠다는 것이다. 삶의 영역에서 하나님이 축출되자 자율적이고 인간중심적인 사고와 삶이 전개되었고, 절대적이고 보편적인 규범은 설 자리를 잃었다. 이성, 감정, 심리적 기전, 실존적 상황, 집단의 이익 등 그 무엇에 따라서 사고하고 생활하든, 더 이상 절대적이고 보편적인 질서와 규범은 말할 수 없게 되었다.

헤겔(George Wilhelm Friedrich Hegel)은 이성이 보편적이고 절대적인 진리의 인식주체로서, 심지어 이성 그 자체가 신이라고까지 주장하면서 이성적 사유를 통하여 통합적이고 절대적인 진리와 규범을 인식할 수 있다고 큰소리쳤다. 그러나 정의 명제와 반의 명제의 변증법적 통합에 궁극적으로 실패함으로써 이성을 통해서 보편적 진리를 발견하는 것이 불가능함을 드러냈다.[5]

헤겔을 정면으로 뒤집어엎은 키르케고르(Søren Kierkegarrd)는 헤겔의 무모함을 꿰뚫어 보고 비이성적인 실존적 순간의 한계체험에서 진리와 규범을 찾고자 했다. 그런데 그 결과 절대적이고 보편적인 진리와 규범을 말할 수 없다는 것이 공식화되었고, 모든 것은 실존의 경험에 따라서 가변적인 것이 되고 말았다.[6] 키르케고르의 실존주의는 야스퍼스(Karl Jaspers), 사르트르(Jean-Paul

---

5 Schaeffer, Francis. *The God Who Is There*, in *The Complete Works of Francis Scherffer: A Christian Worldview*, Vol. 1 (Westchester: Crossway, 1987), 27; 이상원, 『프란시스 쉐퍼의 기독교 세계관과 윤리』(서울: 살림, 2007), 60-61.
6 이상원, 『프란시스 쉐퍼의 기독교 세계관과 윤리』, 64-65.

Sartre), 논리실증주의, 바르트(Karl Barth) 등을 통하여 계승되었다.

영국의 직각론자(intuitionists)들은 진리와 도덕적인 선은 직관을 통하여 파악하는 것이라고 보았고, 정서론자들(emotivists)은 직관은 곧 감성의 문제이므로 인간의 주관적 감성 또는 감정이 즉흥적으로 파악하는 것이 곧 진리이고 도덕적 선이라는 주장을 전개했다.[7] 인간의 감성(emotion)이 진리와 규범의 형성주체라면 더 이상 보편적이고 절대적인 진리와 규범은 찾을 수 없다.

마르크스(Karl Marx)는 윤리적 기준은 행위자가 속한 계급에 의하여 결정된다고 보았다. 규범체계는 정치적 운동의 도구로서 계급의 이익을 증진시키는 것을 목표로 한다. 따라서 부르주아 계급의 윤리와 프롤레타리아 계급의 윤리는 다르며, 계급의 이익이 변하면 윤리적 기준도 변한다. 오늘 선한 것이 내일 악이 될 수 있다. 마르크스에게 객관적인 윤리적 바름이란 없다. 윤리체계는 정치적 운동의 도구이자 계급이익의 도구일 뿐이다.[8]

프로이드(Zigmund Freud)의 성심리학적 인간학은 절대적 진리와 규범의 해체를 가속화시켰다. 프로이드는 종교, 도덕, 부모의 권위를 의미하는 초자아(super-ego)가 잠재의식 혹은 본능적이고 원시적인 성적 욕구를 의미하는 이드(Id)를 부당하게 억압하는 것

---

[7] 직각론과 정서론에 대해서는 Alasdaire McIntyre, *After Virtue* (Notre Dame: University of Notre Dame Press, 1984), chapter 2&3에 잘 설명되어 있다.

[8] John Frame, *The Doctrine of the Christian Life* (Phillipsburg: R & R, 2008), 77-78.

이 모든 인류사회의 문제의 근원이므로, 이드가 초자아의 통제를 벗어나도록 하는 것, 곧 원초적인 성적 욕구가 종교와 도덕적 규범을 벗어나 자유롭게 작용할 수 있도록 하는 것이 인류사회 문제해결의 관건이라고 보았다.[9]

19세기에서 20세기 전반기에 이르기까지 사고와 삶의 영역에서 하나님이 배제되고, 그럼으로써 절대적 진리와 규범이 퇴각한 결과는 참혹했다. 사람들은 하나님과 절대적 진리와 규범이 자리 잡았던 빈자리에 탐욕을 신격화하여 올려놓았다. 신격화된 탐욕은 사회윤리적 실천현장인 정치경제구조의 영역에서는 경제적 이익의 무절제한 추구로 나타났고, 개인 윤리적 실천현장에서는 무절제한 성의 추구로 나타났다. 그리고 이 두 영역은 긴밀하게 맞물리게 되었다.

정치경제적인 구조의 측면에서 보았을 때 이 시기는 산업혁명 이후 급격한 공업화와 대량생산이 이루어져 폭발적인 경제발전과 생활의 편이가 대폭 향상된 시기였다. 그러나 동시에 부가 부유한 자본가들에게 편중되고 가난한 노동자들이 부의 향유

---

[9] 이상원, "프로이드의 자아론에 대한 비판적 고찰," 『성경과 개혁신학: 서철원 박사 은퇴 기념 논총』 (서울: 쿰란출판사, 2007), 313-339; Sigmund Freud, "The ego and the id," in *The Standard Edition of the Complete Psychological Works of Sigmund Freud*, vol. XIX (London: Hogarth Press, 1964), 13, 15-17, 23-26, 32-38, 45-48, 51-56; Freud, "The Unconsciouness," *he Standard Edition of the Complete Psychological Works of Sigmund Freud*, vol. XIV (London: Hogarth Press, 1964), 162-164, 173, 174, 188, 206, 207; 가브리엘 쿠비, 정소영 역 『글로벌 성혁명』 (서울: 밝은 생각, 2018), 47-50.

로부터 소외되어 사회구조의 양극화와 두 계층 간의 갈등이 심화된 시기이기도 했다. 마르크스는 혁명을 통하여 자본주의 사회를 무너뜨리고 공산주의 사회, 곧 '능력만큼 일하고 필요한 만큼 가져가는 사회'의 건설을 시도했다. 그러나 유럽에서는 20세기 초반에 이미 치열한 논쟁을 통하여 마르크스가 이룩하고자 하는 사회는 그의 지나친 낙관적인 인간관 때문에 실패로 끝날 수밖에 없다는 사실이 여실하게 드러나 마르크스주의는 유럽에 뿌리를 내릴 수 없었다.

그러나 마르크스주의에 중독된 유럽의 좌파 지식인들은 마르크스주의를 포기할 수 없었다. 이들에게 새로운 출구를 열어준 것은 무절제한 성을 추구한 성도착자 사드(Marquis de Sade) 그리고 처제와 성관계를 맺고 마약에 중독된 상태로 하루에 20개씩 시거를 피워대면서 성적으로 방종한 생활을 자행한 프로이드의 성 심리학이었다. 좌파 지식인들은 마르크스주의로부터 터득한 혁명전략을 기독교의 이성애적 규범으로부터 해방된 무규범적 성해방사회를 추구하는 일에 적용하였다.

마르크스주의와 성해방을 연결시킨 선두 주자는 라이히(Wilhelm Reich, 1897-1957)였다. 라이히는 14세 때 어머니가 자살하고, 아버지는 우울증을 앓다가 죽었으며, 본인은 세 차례 결혼을 했으나 모두 이혼으로 끝나는 불행한 삶을 살았다. 프로이드가 설립한 정신분석학회에서 활동을 한 라이히는 건강 유지와 혁명시민으로서 계급 없는 사회 건설을 위해 주 3회 오르가즘이 필요하다는 오르가즘 이론을 주장했다.[10] 라이히에게 오르가즘을 느끼는 방법론, 즉 그것이 자위이든, 파트너 교환이든, 동성 간이든, 이성 간이든, 그것은 중요하지 않았다. 그는 오르가즘을 느끼기 위하여 전통적인 가족은 해체되어야 하고 어린이들을 성애화시켜서 부모와 관계를 끊어 놓아야 한다고 주장했다.[11] 그리하여 사람들이 아무런 제약 없이 성적 욕망을 충족할 수 있게 되면 인생의 모든 재앙이 사라질 것이라고 보았다.[12]

킨제이(Alfred Kinsey)는 곤충학자이자 동성애적인 사도마조키스트였으며 통계자료를 자유롭게 위조하는 사기행각을 벌인 인물로서 아이들을 유아기부터 오르가즘을 느낄 수 있도록 해야 한다고 주장했다. 킨제이는 혼전 성관계, 이혼, 동성애, 포르노 관찰 등을 정상적인 성관습이라고 강변했다.[13]

킨제이의 후계자였던 머니(John Money)는 미국 존즈 홉킨스 대학교의 정신과 의사로서 1960년대에 성정체성 클리닉을 운영하였다. 머니는 인간이 자신의 성을 자유롭게 선택할 수 있다는 젠더 이데올로기(gender ideology)의 성립에 결정적인 역할을 했다. 머니가 성별의 자유로운 선택을 주장하게 된 의도는 자신의 성전환수술 실패를 합리화시키려는 것이었다. 머니는 쌍둥이 형제

---

10 쿠비, 『글로벌 성혁명』, 42.
11 쿠비, 『글로벌 성혁명』, 42.
12 쿠비, 『글로벌 성혁명』, 43.
13 쿠비, 『글로벌 성혁명』, 54-55.

중 한 명인 브루스 레이머의 포경수술을 하다가 실수로 레이머의 성기를 심각하게 훼손시켰는데, 수술 실패를 위장하기 위하여 아예 성전환수술을 해버린 후 치료에 반항하는 그 아이에게 10년간 여자 아이로 살도록 강요했다. 아이는 13세 때 남자로 살기로 결심했으나 결국 38세에 자살로 삶을 마감했다. 머니는 집단 성교와 양성애를 옹호하기도 했다.[14]

실존주의 철학자 사르트르(Jean Paul Sartre)와 계약결혼을 했고 자유연애를 옹호했던 보봐르(Simone de Beauvoir)는 "여자는 태어나는 것이 아니라 만들어지는 것이다"라는 명제를 제시하면서 여성은 남성에 의해 억압을 당하기 때문에 남성과 동등한 특권을 누리기 위해서는 자신의 여성적 정체성을 부인해야 한다는 논리를 전개했다. 보봐르는 전통적인 성도덕과 결혼, 모성, 가족을 거부하고, 낙태의 인권화를 주장했으며, 직장여성 및 남성과의 권력투쟁을 옹호하는 급진적인 페미니스트의 아젠다를 구축했다.[15]

마르크스주의와 프로이드의 성해방 개념을 본격적으로 융합시킨 것은 호르크하이머(Max Horkheimer), 아도르노(Theodor Wiesengrund Adorno), 하버마스(Jürgen Habermas), 마르쿠제(Herbert Marcuse) 등이 주도한 프랑크푸르트 학파의 비판이론에 이르러서였다. 마르쿠제는 쾌락주의 원리에 따라 사는 것이 혁명적 행동이며, 이에 대

---

14 쿠비, 『글로벌 성혁명』, 56-57.
15 쿠비, 『글로벌 성혁명』, 57-60.

한 확신을 갖지 못하는 사람은 반동, 보복주의자, 반혁명분자, 더러운 자유주의자, 파시스트라고 비판했다.[16] 프랑크푸르트 학파의 영향으로 베를린의 집단 공동체인 코뮌 I과 코뮌 II에서 해방된 성, 즉 불특정인과의 성관계, 아이들 앞에서의 성관계, 어른과 아이의 성관계, 아이들끼리의 성관계가 실행되었고, 아이들이 탁아소에서 반권위적인 방식으로 양육되었으며, 포르노에 대한 금지가 철폐되고 모든 형태의 성이 광고에서 맹위를 떨쳤다.[17] 프랑크푸르트 학파의 사상적 영향을 받은 68혁명 세대는 정치, 미디어, 법조계, 대학, 교회에서 중요한 자리를 차지했고, 유엔과 유럽의회의 권력을 장악했으며, 사회 전체의 성애화를 통해 성을 규제하는 법을 철폐하고자 했다.

레즈비언이었던 버틀러(Judith Butler)는 성의 유동성을 말하는 젠더이론을 완성했다. 버틀러는 고정된 성정체성 분류는 언어를 통하여 구성된 것이기 때문에 언어에 대한 정치적 변화를 통해 전통적인 성별 질서를 해체할 것을 주장했다. 버틀러에게 남자와 여자라는 것은 존재하지 않으며, 성별은 환상일 뿐이다. 젠더는 생물학적 성과 일치하지 않으며, 생물학적 성은 언어에 의해 창조된 것으로서 사람들이 지속적으로 들어온 것을 믿기 때문에 존재하는 것뿐이다[18] 성정체성은 유동적이고 변하는 것이

---

16 쿠비, 『글로벌 성혁명』, 64-65.
17 쿠비, 『글로벌 성혁명』, 65.
18 쿠비, 『글로벌 성혁명』, 75.

며,[19] 세상에는 두 개의 성만 있는 것이 아니라 개인의 성적 지향에 따른 많은 성이 존재한다.[20] 사회의 이성애적 표징은 모든 영역에서 반드시 제거되어야 한다. 남자와 여자, 결혼과 가족, 아버지와 어머니, 성생활과 출산은 자연스러운 것이 아니라 조작된 것이며, 여성 위에 군림하는 남성의 헤게모니와 이성애적 성관계를 공고하게 하는 기재에 불과하다. 따라서 이것은 근본에서부터 파괴되어야 한다.[21]

퀴어 신학의 방법론

퀴어 신학은 현대 신학의 한 분파로서 현대 신학이 채용한 방법론을 공유한다. 현대 신학은 현 시대에 등장한 모든 신학 체계를 뜻하는 것이 아니라 슐라이어마허(Friedrich D. E. Schleiermacher)가 채택한 신학적 방법론을 따르는, 슐라이어마허 이후의 특정한 신학적 전통을 뜻한다. 슐라이어마허가 채택한 신학적 방법론은 무엇인가?[22] 슐라이어마허는 칸트의 비판철학의 영향을 받

---

19 쿠비, 『글로벌 성혁명』, 76.
20 쿠비, 『글로벌 성혁명』, 77.
21 쿠비, 『글로벌 성혁명』, 78-79.
22 현대신학의 방법론을 알기 쉽게 설명한 문헌으로는 목창균, 『현대신학논쟁』(서울: 두란노, 1995), 15-31이 도움이 된다. 그 이외에도 박형룡, 『현대신학선평 상』(서울: 한국기독교교육연구원, 1988), 21-156을 보라.

아 성경의 초월적인 내용을 받아들이려고 하지 않는 새로운 청중을 잃지 않기 위하여 청중에게 아부하는데, 그 방법은 성경에 있는 초월적인 내용들과 이 내용들을 담고 있는 핵심적인 기독교 교리들을 청중들의 비위와 기호에 맞추어서 재구성하거나 아니면 폐기하는 것이었다. 이 과정에서 성경의 진리와 정통적인 기독교 교리의 내용들이 심각하게 훼손되어 기독교의 정체성에 큰 손상이 찾아왔다. 이 방법론은 슐라이어마허의 충실한 제자들인 구자유주의 신학자들, 구자유주의 신학을 비판하고 나선 신정통주의 신학자들, 정치신학을 표방하고 나선 급진적인 신학자들 그리고 최근의 과정신학자들과 물리신학자들에게까지 일관성 있게 관통한다. 퀴어 신학도 이 전통 안에 속해 있다.

퀴어 신학은 현대인들의 새로운 사조 가운데 특히 성윤리에서의 새로운 사고방식, 곧 성별이라는 것은 생물학적으로 주어진 고정된 것이 아니라 인간의 주관적 인식에 따라 바뀔 수 있는 유동적인 것이라는 젠더개념을 받아 들인 결과 성관계는 남성과 여성 사이에서 이루어져야 하며, 그 합법적인 무대는 결혼제도라고 인식해온 전통적이고 기독교적인 이성애적 질서를 거부한다. 그리고 성관계는 이성이든 동성이든 상관없이 가능한 것이며, 결혼이라는 제도에 구애될 필요가 없다는 성해방 인식에 아부하면서 이와 같은 새로운 무규범적인 성인식을 정당화하기 위하여 핵심적인 기독교 교리들을 철저하게 성애적인 관점에서 재해석한다.

성을 유동적인 것으로 이해하고 동성애를 정당화할 뿐만 아니라 이성애보다 더 우월한 것으로까지 간주하는 퀴어 신학의 특성은 이미 고대 희랍철학과 동양종교에서도 등장한 바 있다. 플라톤은 그의 작품 『향연』(The Symposium)에서 아리스토파테스가 하는 말을 빌려 과거 한때 인류는 남녀양성자(Androgynous)로 존재했다고 말한다. 이 남녀양성자는 둥근 모양이었으며, 네 개의 팔과 다리, 두 개의 얼굴과 귀를 가지고 있었다. 이들은 힘이 막강했는데, 그 힘으로 신들을 공격했다. 공격을 받은 신은 공격한 인간에 대한 형벌로서 인간들을 두 쪽으로 갈라놓았다. 그 이후 인간은 불완전한 남자와 여자로 존재하게 되었으며, 잃어버린 전체성을 향한 끊임없는 욕구를 가지게 되었다.[23] 플라톤은 인간의 성은 유동적인 것이며, 동성애는 이성애보다 존재적인 의미에서나 도덕적인 의미에서 우월하다고 인식한다.

성의 문제는 생물학과의 밀접한 관련 안에서 논의되기 마련인바 고대 희랍의 생물학도 이와 같은 플라톤의 관점을 반영한다. 희랍의 생물학은 관찰과 실험에 근거하여 귀납적으로 결론을 내리는 근현대의 실증적 생물학이 아니라 이성적 사유에 근거하여 전개하는 사변적 생물학(speculative biology)이었다. 현대인들의 관점에서는 사변적 생물학이 기이하게 여겨질 수 있으나, 당

---

23 Plato, *The Symposium. The Republic and Other Works*, trans. by B. Jowett, New York (Doubleday, 1989), 335-338.

시 사변적 생물학이 가능할 수 있었던 이유는 인간의 이성은 완전한 진리의 인식주체로서 이성을 통하여 파악한 지식인 에피스테메(episteme)는 절대적인 보편적 진리라는 인식이 있었기 때문이다. 이성적 사유를 통하여 얻은 지식은 어느 학문분과든지 진리로 인정되었다. 고대 희랍의 사변적 생물학은 플라톤의 관점을 반영한 '하나의 성'(one sex) 생물학이었다.[24] 이 생물학에서는 남성과 여성이 치환이 가능한 하나의 단일성을 구성한다. 여성은 남성이 될 수 있고, 남성은 여성이 되거나 여성화가 될 수 있었다.[25]

이와 같은 퀴어적인 성 철학은 희랍사회에 만연한 동성애 관행을 조장하기도 하고 또 정당화하기도 했다. 예를 들어서 희랍사회에는 부드러운 남자들(molles, 성관계 시에 성기를 삽입하기보다는 삽입당하는 것을 즐기는 남자들)과 강한 여성들(tribades, 성관계 시에 남성의 역할을 하는 여성들)이 있었다. 또한 동성애의 옳고 그름에 대한 평가가 있기는 했지만 사회적 신분에 따라서 평가가 바뀌기도 했다. 예컨대 성인 남자가 삽입당하는 것을 바라는 것은 비난받아야 할 일로 간주되었지만, 소년이 삽입당하는 것을 바라는 것은 비난받을 일이 아닌 것으로 간주되었다. 왜냐하면 성인 남성이 되기 전 소년의 신분은 여성의 신분과 유사했고, 여성은 삽입당하는 입장에 있었기 때문이다.[26]

---

24 Loughlin, *Queer Theology*, 119.
25 Loughlin, *Queer Theology*, 119.
26 Loughlin, *Queer Theology*, 117.

한편 남녀양성자를 이상적인 신적 상태로 이해한 현상은 동양철학에서도 나타났다. 7세기경 힌두교와 불교계 안에서 등장하여 티베트 고원지대까지 퍼진 탄드라교는 신을 본질상 양성적인 존재로 이해한다. 남성성(쉬바)은 적극적이고 활발하며 전기적(electric)이고, 여성성(샤크티)은 소극적이고 부정적이며 자기적(magnetic)이다. 성교를 통하여 남성성이 여성성에 귀착하고 여성성이 남성성에 귀착하여 상반된 것들이 자연스럽게 끌리며 조화롭게 연합되어 양성이 하나로 융합된 완전함에 이르게 될 때, 고차적인 존재의 영역 곧 신의 영역에 이르게 된다.[27]

퀴어 신학의 논리에 따르면 동성애자들이 이성애자들에 의하여 낯설고 이상한 존재로 인식되는 이유는 이성애자들이 성이 남성이나 여성으로 결정되고 나면 영구히 고착되는 것으로 보는 반면에, 동성애자들은 성이 남성과 여성 사이를 자유롭게 오갈 수 있는 유동성을 지닌 것으로 보기 때문이라고 한다. 성의 유동성 개념의 배경에는 존재는 생성도 소멸도 하지 않는 상태로 영원히 있는 것이라고 보는 고대 희랍의 철학자 파르메니데스의 존재의 철학에 대응하여 만물은 영원한 흐름, 즉 끊임없는 운동과 변화 안에 있다고 본 헤라클리토스의 생성의 철학에 기반을 둔 포스트모던적인 세계관과 인간관이 자리 잡고 있다. 포스트

---

27 러셀 바노이, 『사랑이 없는 성』, 황경식·김지혁 역. (서울: 철학과 현실사, 2003), 174-175.

모던 시대의 인간은 "정태적으로 어느 하나의 영역에 소속되어 있는 존재가 아니라 그 소속이 끊임없이 이동하는"[28] 존재다. 포스트모던 시대의 인간은 "이곳에 서 있으면서 동시에 저곳에 서 있기를 바라는(standing here and desiring to be there)" 존재, 곧 "어떤 고정된 성욕(sexual), 성별(gender), 인종, 종교, 국적에 매이지 않는" 존재다.[29] 생성의 철학에 기반을 두고 사유를 전개하는 한 고정된 보편적인 도덕적 규범체계라는 것은 존재하지 않게 되고, 따라서 모든 도덕은 플레처의 상황윤리에서 보는 것처럼 개인의 주관적인 상황에 따라서 상대화되든지,[30] 아니면 공동체의 주관적 상황에 따라서 상대화된다.[31]

퀴어 신학은 이와 같은 포스트모더니즘의 두 흐름을 그대로 반영하여 두 가지 방법론을 채택한다. 첫째로 퀴어 신학은 어떤 사람의 정체성을 결정할 때 '규범적인 것'으로부터 거리를 둔

---

28 Kathy Rudy, "Subjectivity and Belief," in Loughlin, *Queer Theology*, 43.
29 Rudy, "Subjectivity and Belief," 43–44.
30 Fletcher, *Situation Ethics: The New Morality* (Philadelphia: Westminster, [No Date]). 플레처 이외에도 모든 자유주의 신학의 전통에 속한 윤리학자들 가운데 규범성을 가장 강조하는 기독교윤리학자인 폴 램지(Paul Ramsey)는 사랑이라는 규범 이외의 모든 도덕적 원리들은 상황이 결정한다는 상황윤리적인 입장을 취했다(Paul Ramsey, *Basic Christian Ethics* ⟨Chicago: University of Chicago, 1980⟩). 이는 넓은 의미에서의 신학적 자유주의 전통(구자유주의, 신정통주의, 신자유주의, 과정신학 등을 모두 망라)의 윤리적 입장은 모두 상황윤리라는 뜻이다.
31 McIntyre, *After Virtue*; *Whose Justice? Whose Rationality?* (Notre Dame: University of Notre Dame Press, 1988).

다. 여기서 말하는 규범적인 것은 '이성적 규범'(heteronormative)을 의미한다. 퀴어 신학은 정체성에 대한 판단을 기존문화의 고정된 이성애적 규범적 틀로부터 해방시켜 '그 자리를 자유롭게 결정할 수 있는 주제'(positionality)로 규정함으로써 새로운 성적 정체성을 위한 사회적 공간을 마련하고자 한다.[32] 둘째로 퀴어 신학은 정체성의 문제를 확실하게 정의하지 않고 유동적인 상태로 두는데, 그 신학적 근거를 정통신학의 삼위일체론이 주장하는 '본질이 없는 정체성'(identity without an essence)에서 찾는다. 예를 들어서 퀴어 신학은 "우리는 하나님이 어떤 분이신지 모른다. 다만 하나님이 아닌 것이 무엇인지를 알 뿐이다"라는 토마스 아퀴나스의 명제[33]로부터 "하나님은 확실히 존재하시지만 그 본질이 무엇인가는 알려지지 않는다"라는 뜻을 읽어낸 후에 이 뜻에 담긴 틀을 동성애에 적용한다. 곧 이성애는 본질이 확고하고 명료하게 알려져 있기 때문에 삼위일체 하나님의 정체성에 맞지 않고, 신학의 중심적 특징인 '낯설고 이상한 것'에 속하지 않는다는 것이다.[34]

---

[32] Loughlin, *Queer Theology*, 9.
[33] Thomas Aquinas, *Summa Theologica*, I.3.
[34] Loughlin, *Queer Theology*, 10.

핵심적인 기독교 교리들과 결혼에 대한 성애적 재해석

퀴어 신학자들은 성의 유동성과 동성애, 동성혼 등을 정당화하기 위하여 핵심적인 기독교 교리들과 삶의 원리들, 즉 신론, 성육신, 십자가상의 죽음, 부활, 세례, 성찬, 그리스도와의 연합, 결혼에 대한 정통신학적인 해석을 성애적 관점에서 뒤틀어서 대담하게 재해석한다.

퀴어 신학자들은 기독교 교리들과 삶의 원리들을 재해석 할 때 이른바 자신들은 '생장'(flourishing)이라는 식물 성장의 특징을 중시했다는 사실을 들어서 자신들의 왜곡된 재해석을 변호하려고 한다. 롱(Ronald E. Long)은 통일성, 엄격성, 획일성에 대하여 의문을 제기하고, 차이, 유동성, 휘어짐을 가치 있게 여긴다면 기독교 교리에 대하여 좀 더 개방적이 된다고 말한다. 거룩하게 된다는 것은 전통적인 기독교 신학이 말하는 것처럼 악한 세상 혹은 죄악된 본성으로부터 구원받는 문제가 아니라 '생장하는 것'을 뜻한다. 식물은 직선으로 꼿꼿하게 자라지 않는다. 식물의 아름다움은 곡선과 다양성에 있다. 여기서 롱이 말하는 직선과 꼿꼿함은 이성애를 뜻하고, 아름다운 곡선, 휘어짐, 다양성은 곧 게이들이 다른 남자에 대하여 성적 욕구를 가지는 것을 의미한다. 게이가 다른 남자에 대하여 가지는 욕구는 신성한 어떤 것인 동시에 정죄하는 사회적 압력에 저항하는 어떤 것이다. 성적 욕구는 단지 우발적이고 우연한 어떤 것이 아니라 게이가 누구이며 무엇인가를 결정하는 데 필수적인 것이다.[35]

하나님은 추잡한 난교(亂交)에 빠진 존재

퀴어 신학자 알트하우스 레이드(Marcella Althaus-Reid)는 신학의 과제를 이성애적인 도덕적 질서를 해체시키는 것이라고 노골적으로 밝힌다.[36] 이성애는 진리를 다루지 않는다. 이성애적 정치학과 선악의 규칙에 따라서 사는 사람은 소수의 위선자들일 뿐이고, 대다수 사람들은 기독교적 도덕에 따라서 살지 않는데, 이성애는 이들을 퀴어적인 존재이자 점잖지 못한 존재로 전락시킨다.[37] 신학은 이와 같은 위선적인 '점잖음'을 떨쳐내고 '추잡한'(scandalous) 것이 되어야 한다.[38] 왜냐하면 하나님이 바로 그런 '추잡한' 존재이기 때문이다. 하나님은 이성애적 규범이라는 고삐로부터 벗어나 자유롭게 성애를 즐기는 신체들 안에 범신론적으로 함께 계시며 그것들과 함께 계신다.[39] 하나님은 양성애적 존재로서 남성

---

35 Ronald E. Long, "Heavenly Sex: The Moral Authority of an Impossible Dream," *Theology and Sexuality*, 11 (2005), 36.

36 Marcella Althaus Reid, *Indecent Theology: Theological Perversions in Sex, Gender and Politics* (New York: Routeledge, 2000), 2.

37 Althaus Reid, *Indecent Theology: Theological Perversions in Sex, Gender and Politics*, 120.

38 Marcella Althaus Reid, *Queer God* (New York: Routledge, 2003), 110.

39 Tonstad, *Queer Theology*, 87.

적 측면만 가지고 있는 것이 아니라 여성적 측면도 가지고 계신다. 따라서 우리는 '여성이신 하나님의 치마 아래 손을 넣는 은유'를 사용할 수 있다. 하나님은 남성이시며 여성이실 뿐만 아니라 어느 정도는 전환적(trans)이기도 하다.[40] 삼위일체의 세 위는 서로서로 영원하고 황홀하고 절대적인 즐거움이 동반되는 난교적 사랑을 하는 '난교(亂交)의 하나님'(God the orgy)이다.[41]

성육신, 십자가의 죽음, 부활

퀴어 신학자 엘리자베스 스튜어트(Elizabeth Stuart)는 성육신하신 아기 예수의 몸은 남성성과 여성성을 한 몸에 지녔다고 해석한다. 그리고 그 근거로서 예수님은 "남성으로 탄생하셨으나 순전히 여성의 몸의 요소들로만 구성되었음"을 지적한다. 이 말은 마리아가 남성과 성관계를 가지지 않았기 때문에 남성의 몸의 요소를 받을 기회가 없이 마리아로부터만 자양분을 공급받았다는 생물학적 사실에 근거하여 판단한 것이다. 이처럼 예수는 통상적인 생물학적 출생방식에 비교해 볼 때 '낯설고 이상한' 방법으로 출생했기 때문에 "아기 예수는 생물학적으로 남성과 여성으로 구분되는 기존의 인간 존재방식과는 다른 새로운 피조물"이다. 이 새로운 피조물은 "타락 이전의 세계를 재현하는 것이며,

---

40 Tonstad, *Queer Theology*, 93.
41 Tonstad, *Queer Theology*, 94-95.

죄로 파편화된 세계를 구속하는 것인 동시에 궁극적인 완성을 예상하는 것"이다. "이런 의미에서 성육신하신 아기 예수의 몸은 종말론적인 몸이다."[42] 그러면 이 몸이 어떤 몸인가? 바로 남성성과 여성성을 한 몸에 지닌 몸이다. 성육신에 대한 스튜어트의 해석에는 남성성과 여성성을 함께 갖춘 자웅동체의 몸을 완전하고 신적인 몸으로 이해하는 플라톤과 탄드라교의 흔적이 보인다.

스튜어트는 예수님이 십자가 위에서 죽으실 때 그 "몸이 성상화(iconicity) 속으로 빨려 들어가서 유동하는 대상지시기호(foating signifier)가 되어 모성적인 몸(maternal body)을 표현한다"라고 말한다.[43] 그러면 예수님의 몸의 어떤 부분이 무엇을 지시하는가? 예수님의 옆구리가 창에 찔려서 상처가 나고 피와 물이 나왔는데(요 19:34), 이 상처는 곧 여성의 자궁이고 이 상처에서 흘러나오는 액체는 곧 여성의 성기에서 흘러나오는 액체이며 또한 젖이다.[44] 이처럼 남성성과 여성성을 자웅동체로 지니고 계신 예수님은 십자가의 죽음에서는 여성으로 전환되신다. 즉 창에 찔린 상처가 예수님을 양성애자로 묘사하는 데 이용된다. 예컨대 모라비아 교도들이 십자가의 상처를 묵상하면서 구속주이신 그리스도에 대한 깊은 사랑을 묘사한 회화적인 표현이 문맥과 정황

---

42 Elizabeth Stuart, "Sacramental Flesh," in Gerard Loughlin, *Queer Theology* (Malden: Blackwell, 2007), 65.

43 Stuart, "Sacramental Flesh," 66.

44 Stuart, "Sacramental Flesh," 66; Cameron Partidge, "Side Wound, Virgin Birth, Transfiguration," *Theology & Sexuality*, 18 (2012), 127-132.

이 무시된 채 자구적으로 그대로 인용되어 여성으로 전환되신 예수님과 성도들이 나누는 성애를 묘사하는 근거로 인용된다. "나의 매력적인 구멍, 나의 사랑, 당신께 수천 번의 격렬한 입맞춤을 드립니다. 당신의 작은 입을 내게 붙이소서. 입맞춤을 해야 하니까요. … 안으로 깊이, 안으로 더 깊이. 그래요. 깊이, 정말로 그 안에 깊이. 축복받기를 원하는 자는 누구냐!"[45]

스튜어트에 따르면 예수님의 몸은 부활을 통하여 '다성적인 몸'(multi-gendered body)이 된다. 그리스도의 다성적인 몸 안에 있는 성도들도 '투과적이고, 범신체적이고, 자리바꿈이 가능한'(permeable, transcorporeal, and transpositional) 몸이 된다. 특히 스튜어트가 말하는 자리바꿈이라는 말은 남성성과 여성성이 뒤바뀐다는 뜻으로서 동성애를 정당화하는 표현이다.[46] 이처럼 예수님의 몸은 이성애를 드러내기도 하고 동성애를 드러내기도 하는 등, 성의 구별을 넘어서는데, 예수님의 성 정체성은 어떤 사람과 관계하는가에 따라서 바뀔 수 있다.[47]

와드(Graham Ward)는 요한복음 20장 17절에서 막달라 마리아가 무덤에서 부활하신 예수님을 만나 대화하고 예수님을 붙들려고 시도한 행동을, 남성의 입장에 서신 예수님과 막달라 마리아가 이성애적인 사랑을 주고받은 사건으로 해석한다. 그런가 하

---

45 Tonstad, *Queer Theology*, 28.
46 Stuart, "Sacramental Flesh," 66.
47 Stuart, "Sacramental Flesh," 66.

면 요한복음 20장 27절에서 도마가 예수님의 옆구리에 난 창에 찔린 상처에 손을 넣는 사건은 예수님이 여성의 입장에 서서 도마와 더불어 동성애적인 사랑을 주고받은 사건으로 해석한다.[48] 할리우드(Amy Hollywood)는 이 논점을 좀 더 세밀하게 설명한다. 창에 찔린 상처에 입을 맞추는 행위는 여성 성기의 외음부에 입을 맞추는 구강섹스(oral sex)이며, 상처에서 나오는 피를 핥는 것은 구강섹스에서 여성의 성기에서 나오는 액체를 받아 마시는 행위이다. 따라서 수녀들이 그리스도상의 옆구리에 난 상처에 입을 맞추는 것은 여성 동성애(lesbianism) 행위이다.[49] 할리우드는 다음과 같은 리보의 아일레드의 경건생활 안내지침을 인용한다.

> 주저하지 말고 서둘러라. 꿀이 담긴 벌집을 먹으라. 젖이 담긴 포도주를 마시라. 피가 변한 포도주가 너를 즐겁게 하고 물이 변한 젖이 너를 양육한다. 바위에서 샘들이 흘러나와 너에게 갔으니 곧 그의 사지에 상처가 나고 그의 몸의 벽에 구멍이 뚫렸다. 비둘기가 은신처를 찾는 것처럼 그 상처 하나하나에 입을 맞추라. 그리고 너의 입술을 그의 피로 적시면 너의 입술은 주홍색 리본이 될 것이요, 너의 입에서 감미로운 말이 나올 것이다.[50]

---

[48] Graham Ward, "There is no difference," in Loughlin, *Queer Theology*, 78.

[49] Amy Hollywood, "Queering the Beguines: Mechthild of Magdeburg, Hadewijch of Anvers," in Loughlin, *Queer Theology*, 163.

[50] Aelred of Rievaulx, *Treatises and the Pastoral Prayer*, trans. by Theodore Berkeley and others (Kalamazoo, MI: Cistercian Publications, 1971), 90–91.

세례와 성찬

스튜어트에 따르면 세례는 수세자의 정체성을 변화시키는 예식이다. 세례를 통하여 평범한 정체성이 배제되고 그리스도의 몸의 지체로서의 정체성을 입는다.[51] 스튜어트는 로완 윌리엄스(Rowan Williams)의 말을 인용하여 "세례는 수세자에게 자신이 현재 속해 있다고 생각하는 범주에 들어가지 말고 그가 전혀 선택해 본 일이 없는 연대성에 근거한 새로운 범주에 속할 것을 요구한다"[52]라는 점을 강조한다. 그리고 세례는 자아와 죄뿐만 아니라 "특정한 형태의 정체성이 궁극적이다"라는 생각도 버릴 것을 요구한다.[53] "수세자는 이전과는 다른 세계에 소속된다." 세례를 받는다는 것은 새로운 왕국 안에 '잡혀 들어가는 것'이다. 이 새로운 왕국 안에서는 인간 문화가 부여한 모든 정체성이 '종말론적인 지워버림'(eschatological erasure)을 당한다.[54] 스튜어트는 종말론적인 지워버림의 뜻을 다음과 같이 설명한다.

이성애, 동성애, 남성성, 여성성이 궁극적으로 중요하지 않다. 하나님의 눈에는 이런 것들이 결정적인 것들이 아니다. 우리 가운데 누

---

51 Stuart, "Sacramental Flesh," 66.
52 Rowan Williams, *On Christian Theology* (Oxford: Blackwell, 2000), 209.
53 Stuart, "Sacramental Flesh," 67.
54 Stuart, "Sacramental Flesh," 68.

구라도 이런 것들이 궁극적으로 중요한 것처럼 행동한다면, 우리는 우상숭배라는 치명적인 죄를 범하는 것이다. 또 만일 이런 것들이 하나님의 자녀들에게 주어진 영광스러운 자유로부터 사람들을 배제시키는 근거가 되는 것처럼 행동한다면, 우리는 독신(瀆神)의 죄를 범하는 것이며, 수세 시에 받은 우리 자신의 정체성, 곧 우리의 선택에 근거해서가 아니라 오직 은총의 행위를 통해서만 다른 사람들과 연대관계에 들어가게 된 우리 자신의 세례적인 정체성을 근본적으로 거부하는 것이다.[55]

스튜어트는 성찬 시에 예수님의 몸은 "성적으로 중립적인 형태의 빵으로 변형되고 확장된다"라고 말한다. 예수의 몸은 변형과 바뀌는 것이 가능한 몸이기 때문이다.[56] 워드도 스튜어트와 같은 견해를 밝힌다. "그리스도의 몸은 … 경계선을 넘을 수 있다. 빵이 된 예수의 몸은 더 이상 단순히 그리고 생물학적으로 남성의 몸이 아니다."[57] 성찬은 종말론적인 삶을 예상한다. 성찬이 예상하는 종말론적인 삶에서 성별과 성적 정체성 위에서 전개되는 삶이 "궁극적인 것이 아닌"(non-ultimate) 것으로 전환된다. 좀 더 구체적으로 말하면 "성찬 시에 교회는 그리스도의 신부이

---

55 Stuart, "Sacramental Flesh," 68.
56 Stuart, "Sacramental Flesh," 66.
57 Graham Ward, "Bodies: The Displaced Body of Jesus Christ," *Radical Orthodoxy: A New Theology*, ed. by John Milbank, and others (London: Routledge, 1999), 168.

자 그리스도의 몸으로 스스로를 재구성한다."[58] 성찬 시에 교회의 구성원들인 신자들의 몸도 그리스도의 몸과 같이 '불안정성, 유동성, 전환가능성'을 가진 몸이 된다.[59]

독신생활과 그리스도와의 연합

퀴어 신학자들은 하나님을 신자들과 성애를 나누는 분으로 묘사한다. 롤린은 에스겔 1장 27절에 있는 "그 허리 아래의 모양도 불 같아서 사방으로 광채가 나며"라는 표현을 하나님의 성기(남근)를 우회적으로 표현한 것이라고 보며, 에스겔 16장 8절에 "내 옷으로 너를 덮어 벌거벗은 것을 가리고"는 성관계를 갖기 위해 자리에 누운 것으로 해석했는데, 이 장면은 특히 합법적인 아내와 잠자리를 같이하는 것이 아니라 처녀를 강간하는 장면으로 해석한다.[60] 여기서 하나님의 강간행위의 상대역인 여자 역할은 이스라엘의 남자이므로 남성이신 하나님과 남성인 이스라엘 남자가 성관계를 가졌다는 뜻이 된다.

한편 고스(Robert Goss)는 명상을 통한 하나님과의 범신론적인 연합의 체험을 성관계에서 겪는 오르가즘과 동일시한다. "명상의 의식에 들어서면 인간과 하나님 사이의 경계선이 허물어지면

---

58 Stuart, "Sacramental Flesh," 71.
59 Stuart, "Sacramental Flesh," 72.
60 Loughlin, *Queer Theology*, 125–126.

서 그리스도의 몸이 친밀한 접촉, 맛봄, 냄새, 유희 안에서 경험된다." "오르가즘의 행복은 친밀하고 장엄하며 개념으로는 표현 불가능한 그리스도에 대한 명상의 많은 요소들을 포함하고 있다. 몸과 마음이 명상을 통하여 함께 사랑에 참여할 때 성적이면서도 영적인 잠재성은 평범한 오르가즘의 문턱을 넘어서서 두 사랑의 파트너를 새로운 실재의 차원으로 옮겨 놓는다."[61] 퀴어 신학에서 하나님과의 범신론적인 연합의 체험과 독신생활은 긴밀하게 관련되어 있는데, 그 이유는 독신생활이 성애적인 모든 욕망을 하나님께만 집중하는 것을 가능하게 해주기 때문이다.[62]

퀴어 신학은 독신생활을 하거나 혹은 결혼을 했어도 독신생활을 동경하면서 하나님과의 범신론적인 연합을 추구한 로마 가톨릭의 신비주의 명상가들이 하나님과의 신비적이고 범신론적인 연합의 경험을 성애적인 유비를 이용하여 고백적으로 서술한 내용들을 여자적으로 인용한다. 그러면서 기독교적인 영적 수련이 곧 동성애를 정당화시키는 신학적 근거가 된다는 주장을 펼친다.

부루스(Virginia Burus)는 그레고리(Gregory of Nyssa, 331-395 A.D.)의 명상의 글에 주목한다. 그레고리 자신은 결혼생활을 했으나 '평범한 생활'(결혼생활)이 영적으로 빈약한 생활이라는 사실을 절감하

---

61 Robert Goss, *Queering Christ: Beyond Jesus Acted Up* (Cleveland: Pilgrim Press, 2002), 22.

62 Stuart, "Sacramental Flesh," 69.

고 동정성을 동경했다.[63] 부루스는 그레고리가 썩지 않는 신성을 추구하는 두 가지 모델을 제시했음에 주목한다. 하나는 엘리야와 세례 요한처럼 독신생활을 하는 것이다. 그레고리는 이렇게 말한다. "자연의 충동에 남자답게 대항하여 싸울 능력이 없는 심약한 사람은 힘에 부치는 싸움터로 내려가기보다는 유혹으로부터 멀리 물러나는 것이 더 낫다."[64] 다른 하나는 이삭처럼 결혼생활을 하면서 신성을 추구하는 길이다. "하늘의 일들(heavenly things)을 우선적으로 추구하면서 결혼생활의 혜택을 신중하고 적절하게 이용하여 시민적 공동체에 대한 의무를 수행하는 것이다."[65] 그러나 그레고리에게 단연 더 좋은 방법은 독신생활이었다고 부루스는 말한다.

그레고리에게 있어서는 '과부가 된 영혼'(widowed soul)[66]이 진정으로 신성을 추구할 수 있다. 결혼은 신성을 추구할 때 장애물이 된다. 부루스는 결혼을 칼에 비유하여 설명하고 있는 그레고리의 생각에 주목한다. 칼은 부드러운 손잡이와 죽음의 도구인 강철로 구성되어 있다. 부드러운 손잡이는 자녀출생을 포함

---

63 Virginia Burus, "Queer Father: Gregory of Nyssa and the Subversion of Identity," in Loughlin, *Queer Theology*, 147; Gregory of Nyssa, *On Virginity. Selected Writings and Letters*, trans. by William Moore and others (Edinburgh: T & T Clark, 1995), 345a–348b.

64 Gregory of Nyssa, *On Virginity. Selected Writings and Letters*, 352a.

65 Burus, "Queer Father: Gregory of Nyssa and the Subversion of Identity," 149.

66 Burus, "Queer Father: Gregory of Nyssa and the Subversion of Identity," 150.

한 결혼생활의 즐거움을 뜻하는데, 이 즐거움은 표피적이고 감각적인 것에 지나지 않는다. 칼의 강철 부분은 손잡이 부분보다 훨씬 더 강력한데, 이는 죽음의 폭력, 곧 자녀, 배우자, 부모의 상실을 뜻한다. 칼의 상처를 피하는 자, 곧 독신생활을 하는 수도승에게는 하나님이 곧 신랑이다. 이 신랑의 신부인 처녀영혼(virgin soul)은 거룩한 영으로써 잉태하여 지식, 의, 성화, 구속을 낳는다.[67] 여기서 동정의 영혼은 그레고리 자신의 남성의 영혼이지만 그리스도의 신부로서 명확하게 여성의 역할을 한다. 그레고리는 갈라디아서 3장 28절을 인용하여 그리스도 안에서는 남자와 여자의 구별이 없다는 점을 강조한다.[68] 스튜어트도 그레고리의 입장을 "영혼이 하나님께로 올라갈 때 그 영혼은 그리스도의 능동적인 구애를 받고 신랑이신 그리스도의 품에 수동적으로 안긴 신부가 되는 것"을 말하고 있는 것으로 확인한다. 이와 같은 방법으로 퀴어 신학자들은 그레고리의 명상의 글에서 동성애를 지원하는 신학적 근거를 확보하고자 한다.[69]

로린은 12세기의 신비주의 명상가인 클레르보의 버나드(Bernard of Clairvaux)가 쓴 아가서 강해집에서 동성애에 대한 신학적 근거를 찾고자 한다. 버나드에 따르면 입맞춤은 신랑과 신부의 복합적인 친밀함을 표현하는 기능만을 하는 것이 아니라 수도승의

---

67 Burus, "Queer Father: Gregory of Nyssa and the Subversion of Identity," 150.
68 Burus, "Queer Father: Gregory of Nyssa and the Subversion of Identity," 152.
69 Stuart, "Sacramental Flesh," 71.

영혼과 그리스도, 교회와 구주, 그리스도와 성부 간의 친밀함을 표현하는 기능도 수행한다. 입술에 입술을 누르는 것은 하나님과 인간의 연합을 의미한다.[70] 영혼은 그리스도에게 입맞춤으로써 승천의 사다리를 오르기 시작하여 마침내 '가장 친밀한 사랑의 꼭대기'(the summit of love's intimacy)에 오른다.[71] 입을 맞추는 입술은 성부의 입술이 되고, 입맞춤을 받는 입술은 성자의 입술이 된다. 입맞춤 그 자체는 성부와 성자 사이를 연결하는 성령이다. 입맞춤을 통하여 영혼은 삼위일체의 성애적 생명에 참여한다.[72] 이처럼 남성 수도승과 남성 그리스도의 성애적 사랑이 하나님을 향한 영혼 승천의 통로라고 말하는 버나드의 범신론적 신학이 동성애를 신학적으로 뒷받침하는 강력한 도구가 된다.

할리우드는 13세기의 수도승이었던 벨기에 앤트워프의 하데비치(Hadewijch of Antwerp)의 명상신학에서 동성애의 신학적 근거를 찾고자 했다. 할리우드는 하데비치의 다음의 글을 인용한다.

그 후에 그가 직접 나에게 오셔서 나를 자신의 팔로 완전히 안고 나를 자신에게 밀착시켰다. 내 몸의 모든 지체들은 그의 몸을 느끼는

---

[70] Bernard of Clairvaux, *On the Songs of Songs I*, trans. by Kilian Walsh ocs. (Kalamazoo: Cistercian Publications, 1977), 2.3; Loughlin, *Queer Theology*, 121.

[71] Bernard of Clairvaux, On the Songs of Songs I, 4.1; Loughlin, *Queer Theology*, 121.

[72] Bernard of Clairvaux, On the Songs of Songs I, 8.2; Loughlin, *Queer Theology*, 121.

순간 나의 마음과 인간성의 모든 욕구가 충족되었고, 완전한 행복 속에 들어갔다. … 잠시 후에 나는 남성적인 외형적 아름다움을 상실한 상태에서 그의 형상을 보았다. 나는 그가 완전히 무로 돌아가는 것을 보았으며 점점 희미해져가다가 갑자기 해체되어버리고 나는 더 이상 그를 나의 밖에서 알아차리거나 인식할 수 없었다. 나는 더 이상 그를 내 안에서 구별해낼 수 없었다. 우리는 차이가 없이 하나가 된 것 같았다. … 그 후에 나는 나의 사랑하는 자 안에서 점점 사라져가다가 그 안에서 완전히 녹아 없어지고 나에게 속한 것이라고는 아무것도 남지 않게 되었다.[73]

이 글을 인용한 후에 할리우드는 하데비치는 그리스도와의 연합을 짙은 성애적 언어로 표현했다고 평가하면서 신성 속에 영혼이 녹아 들어갈 때 남성과 여성 사이의 어떤 구별도 철저하게 깨뜨려졌다고 해석한다.[74]

힝클레(Christopher Hinkle)는 스페인의 갈멜파 수도승인 십자가의 요한(John of the Cross)에게 주목한다. 키가 작고, 상냥한 성격에 정원과 그림을 좋아한 요한은 매독환자 간호에 일생을 바치면서 갈멜파 수도원의 독신생활과 명상생활을 받아들였다. 그러나 그

---

[73] Hollywood, "Queering the Beguines: Mechthild of Magdeburg, Hadewijch of Anvers," 169.
[74] Hollywood, "Queering the Beguines: Mechthild of Magdeburg, Hadewijch of Anvers," 169.

는 개혁에 대한 열정 때문에 반역자로 몰려서 투옥과 탈출을 반복하다가 유배지에서 병으로 사망했다.

그가 남긴 명상시 〈어두운 밤〉(The Dark Night) 5절에 보면 이런 문구가 나온다. "오, 인내하는 밤/새벽 여명보다 더 사랑스러운 밤이여/사랑받는 자와 함께하는 사랑하는 자가/사랑하는 자 안에서 사랑받는 자를 변형시키네."[75] 힝클레는 이 시에서 요한은 자신이 반역자로 몰려서 감옥에 갇혀 홀로 고립된 경험을 시에 담았는데, 특히 남성적 매력을 가진 신성한 연인(하나님)의 사랑을 갈망하는 여성 영혼(female soul)과 자신을 동일시했다고 해석한다.[76] 또한 앞의 시의 또 다른 구절, "사랑받는 자를 향한 마음을 갈구할 때 불타오르는 사랑만이 그녀(사랑받는 자, 요한 자신, 필자 주)를 움직이고 그녀로 하여금 고독의 길을 따라서 미지의 방법으로 하나님에게로 날아오르게 했다"라는 부분을 인용하면서 이 구절은 동성애적 사랑이 여성 영혼을 하나님과 연합하게 하는 것이라고 해석한다.[77]

---

[75] Christopher Hinkle, "Love's Urgent Longings: St John of the Cross," in Loughlin, *Queer Theology*, 189.
[76] Hinkle, "Love's Urgent Longings: St John of the Cross," 190.
[77] Hinkle, "Love's Urgent Longings: St John of the Cross," 192.

결혼

퀴어 신학은 남성과 여성 간에 이루어지는 결혼관계를 재해석하여 동성 간의 결혼을 정당화하고자 한다. 이 재해석이 잘 나타나 있는 문헌 가운데 하나는 *Anglican Theological Review*에 게재된 "A Thelogy of Marriage including Same-Sex Couples: A View from the Liberals"라는 제하의 논문이다. 주로 성공회 계열의 자유주의 신학자들이 서술한 이 긴 논문은 동성혼을 신학적으로 정당화시키기 위하여 중요한 신학적 주제들과 성경의 결혼관에 대한 편협하고, 자의적이며, 왜곡된 해석으로 가득 찬 문서다. 이 문서는 결혼은 부부의 성화를 위한 훈련의 장이며, 그리스도와 교회의 영적인 결혼을 상징하는 모형이고, 입양과 접목이라는 반자연적인 방식으로 그 외연을 확대할 수 있는 공동체이며, 성적 욕망에서 시작하여 긍휼로 성숙해가는 공동체이고, 저주가 아닌 축복을 부여하는 공동체인바, 동성혼은 이 조건들에 부합한다는 주장을 전개한다. 이들의 논증을 살펴보자.

결혼의 목적은 성화에 있다.

바울을 비롯한 예수의 제자들과 초대교회는 이성혼에 대하여 회의적인 생각을 가지고 있었다. 예수님은 하나님의 뜻을 행하는 것을 참된 가족의 표지로 보았으며(막 3:31-35), 바울은 독신생활을 천거했다(고전 7장). 초대교회의 결혼관은 금욕적인 성격을 띠고 있었다. 그리고 독신과 영적인 가족을 선호하면서 전통적인 가족을 철저하게 상대화시키는 관점과, 생물학적인 의미의 이성혼 간의 긴장을 유지하고 있었다. 좀 더 구체적으로 말하면, 결혼은 생물학적인 의미의 자녀출산을 넘어서서 동반자 의식과 우정을 실천할 수 있는 무대로 이해되었다. 부부는 동반자 의식과 우정 안에서 서로 즐거움을 만끽하며, 성화되고, 성숙되어간다. 그런데 동반자 의식과 우정 그리고 그 안에서 서로 즐거움을 누리는 것, 성화, 성숙 등과 같은 결혼의 중심적인 특징들은 이성으로 구성된 부부 사이에서만 가능한 것이 아니라 동성으로 이루어진 부부 사이에서도 얼마든지 가능한 덕목들이다.[78] 결혼 안에서 부부는 서로에 대한 관심과 관대함(hospitality)을 평생 동안 계발한다.[79]

"기쁠 때나 슬플 때나, 부유할 때나 가난한 때나, 아플 때나 건강할 때나, 죽음이 우리를 갈라놓을 때까지 사랑하고 소중히 여길 것을 맹세한다"라는 결혼서약은 금욕적인 훈련(ascetic discipline)을 요구한다. 부부는 금욕적인 훈련을 통해 자기애(eros)를 긍휼(charity)로 전환시켜간다. 결혼을 판단능력이 없는 야생동물에게서나 볼 수 있는 것과 같은 '인간의 육적인 욕정과 탐욕'이 실

---

[78] Deirdre J. Good, Willis J. Jenkins, Cynthia B. Kittredge, and Eugene F. Rogers, Jr., "A Thelogy of Marriage including Same—Sex Couples: A View from the Liberals," *Anglican Theological Review*, 93.1 (Winter 2011), 58.

[79] Good, Jenkins, Kittredge, and Rogers, "A Thelogy of Marriage including Same—Sex Couples: A View from the Liberals," 62.

현되는 무대로 보는 것은 기괴한 생각이다. 그렇다고 해서 결혼이 자기통제를 통하여 자기애를 긍휼로 바꾸어 놓는 것은 아니다. 바울은 자기를 통제할 수 없거든 결혼하라(고전 7:9)고 말한다.

오히려 결혼은 자기의 소유를 덜어냄(self-dispossession)으로써 자기를 내어준다(self-donation). 상대방에게 공급해주기 위해 수고하고, 가족을 지원하고, 가계를 꾸려가고, 날마다 식탁을 준비하고, 재산을 유지하며 나누고, 병들 때 돌보아주고, 죽을 때까지 동행하는 것 등이 결혼한 부부가 해야 하는 일들이다.[80] 결혼서약은 수도승의 서약에서 온 것이며, 이 서약을 반영하고 있다. 완벽한 배우자는 도덕적인 면에서 가난, 정절, 순종을 약속해야 했던 수도승이나 수녀에게 뒤지지 않는 존재로서 이들보다 더 큰 덕을 보여준다.[81] 한마디로 말해서 결혼은 덕을 수련하는 훈련장이다.[82]

---

80 Good, Jenkins, Kittredge, and Rogers, "A Theology of Marriage including Same-Sex Couples: A View from the Liberals," 63.

81 Good, Jenkins, Kittredge, and Rogers, "A Theology of Marriage including Same-Sex Couples: A View from the Liberals," 65.

82 마이어스(David G. Myers)와 스칸조니(Letha Dawson Scanzoni)도 같은 견해를 보여준다. 이들에 따르면 결혼은 그 자체가 생득적으로 건강한 제도로서 통제되지 않는 미성숙을 훈련시키는 무대다. 동성결혼도 동성애자들의 통제되지 않은 미성숙을 훈련시키는 무대로서 다른 어떤 대안보다도 더 건강한 제도다 (David G. Myers and Letha Dawson Scanzoni, *What God Has Joined Together: The Christian Church* 〈San Francisco: Harper San Francisco, 1974〉, 116,126,130 etc.

결혼은 그리스도와 교회의 영적 결혼인 신비로운 연합의 모형이다.

결혼서약의 핵심인 자기 내어줌(self-donation)은 그리스도와 그의 교회의 연합의 신비를 상징한다. 그리스도와 교회의 연합은 영적 결혼의 연합이며, 이 결혼의 연합 안에서 이루어지는 성찬식에서 그리스도는 자기의 몸을 내어준다. 그리스도는 신랑이요 교회는 신부다. 신랑인 그리스도가 교회인 신부를 위하여 자기를 내어준다. 신랑인 그리스도는 신부의 죄를 용서하기 위해서만이 아니라 교회의 성화를 위해서도 자신을 내어준다.[83]

결혼은 죽음이 부부를 갈라놓을 때까지 한시적으로 유지되지만, 어린 양의 혼인은 영원하다(눅 20:34-35). 창조 안에서 남자와 여자의 연합은 어린 양의 혼인잔치를 상징하는 모형이다. 바울은 결혼을 자녀출산(procreation)이나 남자와 여자의 상호보완(complementarity)과 연관시키지 않고, 자기 백성을 사랑하시는 하나님의 구원계획의 모형으로 파악한다.[84] 하나님의 구원계획의 모형이라는 의미에서 동성부부니 이성부부나 차별이 없다.

갈라디아서 3장 28절은 사람을 남자와 여자로 창조하셨다는 창세기 1장 27절 말씀을 인용하면서 유대인과 헬라인, 종과 자유인을 'οὐκ…οὐδέ'(neither…nor)로 연결하는 반면에 남자와 여자

---

[83] Good, Jenkins, Kittredge, and Rogers, "A Theology of Marriage including Same-Sex Couples: A View from the Liberals," 64-65.

[84] Good, Jenkins, Kittredge, and Rogers, "A Theology of Marriage including Same-Sex Couples: A View from the Liberals," 65.

는 'ουκ…και'(no longer)로 연결함으로써 더 이상 신자의 성별이 그리스도의 구원계획을 모형적으로 드러내는 일에 방해가 되지 않음을 강조한다. 그리스도는 모든 사람에 대하여 모든 것이 되신다. 구체적으로 말해서 그리스도는 여자를 위한 신랑도 되시지만 남자를 위한 신랑도 되신다. 교회를 구성하는 지체들은 남자든 여자든 모두 그리스도의 신부다. 따라서 성은 신랑 혹은 신부가 되는 것을 방해하지 않는다. 자녀출산이나 남자와 여자의 상호보완이 그리스도와 교회의 결혼을 모형으로 드러내는 것을 방해해서는 안 된다.[85] 갈라디아서 3장 28절은 창세기 1장 27절을 기독론적인 판단 아래 두었다. 인간들의 연합은 남자와 여자로 구성된 연합이 아닌, 그리스도 예수 안에서의 연합으로 이해되어야 한다.[86]

로저스(Eugene F. Rogers, Jr.)는 이와 같은 주장을 좀 더 밀어붙여서 아예 예수 그리스도를 남자도 아니고 여자도 아닌 양성적인 존재로 만들어버린다. 로저스에 따르면 예수는 인간 아버지가 없기 때문에 Y 염색체를 가지지 않았지만, 그럼에도 불구하고 할례를 받으셨다. 또한 예수는 승려들의 어머니이며, 남성사제들은

---

85 Good, Jenkins, Kittredge, and Rogers, "A Theology of Marriage including Same-Sex Couples: A View from the Liberals," 67-68; Eugene F. Rogers Jr. "A Theology of Marriage: Same-Sex complementarity," *Christian Century*, 213 (May 2011), 28.

86 Good, Jenkins, Kittredge, and Rogers, "A Theology of Marriage including Same-Sex Couples: A View from the Liberals," 70.

예수님의 젖가슴으로부터 젖을 먹어야 하고, 예수의 자궁 안으로 들어가야 한다는 시스테리안 승단의 주장은 일리가 있는 것이다.[87] 그리스도의 몸은 할례를 받았으므로 모형론적으로는 남자이지만 자궁(창에 찔린 옆구리의 상처)을 가지고 있다는 점에서 모성적이며 여성적이다.[88] 이렇게 예수가 양성적인 존재가 되면 남자와도, 여자와도 결혼하는 것이 충분히 가능해진다.

에베소서는 창세기 1장 27-28절의 창조 이야기보다는 창세기 2장 24절에 있는 창조 이야기를 선호한다. 에베소서는 결혼을 이웃을 자기 자신처럼 사랑하신 사랑의 구현으로 해석한다. "이러므로 남자가 부모를 떠나 그의 아내와 합하여 둘이 한 몸을 이룰지로다." 바울이 창세기 2장을 선호하는 이유는 결혼이 그리스도와 교회의 관계를 예표하기 때문이다. 출산주의나 상호보완주의는 그가 관심을 기울이는 주제가 아니다. 그가 관심을 기울이는 주제는 하나님의 백성들을 향한 하나님의 사랑에 대한 증언이다. 부부는 아내를 자신처럼 사랑하는 실천(엡 5:31-33)을 통하여 이웃 사랑을 실현해야 한다. 결혼은 사랑의 대강령을 증언하며, 하나님의 사랑을 뜻하는 동시에 이웃 사랑을 가르친다.[89] 아가페의 대상은 동성과 이성에 차별을 두지 않으므로

---

87 Rogers, "A Theology of Marriage: Same-Sex complementarity," 28.
88 Tonstad, *Queer Theology*, 34.
89 Good, Jenkins, Kittredge, and Rogers, "A Theology of Marriage including Same-Sex Couples: A View from the Liberals," 70.

동성애자는 같은 성을 가진 사람에 대한 아가페 사랑을 실천할 수 있으며, 이로써 도덕적으로 서로 보완하는 과정에 참여한다.[90]

자연적인 생물학적 자녀가 아니라 반자연적으로 접붙임되고 입양된 자녀가 하나님의 자녀다.

"생육하고 번성하여 땅에 충만하라"는 창세기 1장 28절의 자녀출산 명령은 온 땅이 이미 사람들로 가득 차게 된 오늘날에는 이미 실현된 명령이다. 이제는 더 이상 인간들이 아담이 명령을 받을 때와 같은 방식으로 자녀출산을 할 필요가 없다. 따라서 바울은 부활을 증언하는 독신생활을 장려한다(고전 7:29). 예수님은 이제 혈통이나 육정으로나 사람의 뜻으로부터가 아니라 하나님으로부터 난 자들, 곧 하나님의 아들의 이름을 믿는 모든 자들에게 하나님의 자녀가 되는 권세가 주어진다(요 1:12-13)고 말씀하신다. 이처럼 요한은 믿음을 통한 하나님의 자녀들과 결혼을 통한 생물학적 자녀들을 비교한다. 예수님과 바울은 자녀출산과 남자와 여자의 상호보완을 결혼의 목적에서 배제한다.[91]

바울은 입양(롬 8:23)과 접붙임(롬 11:23)이라는 개념을 통하여 하나님의 자녀의 의미를 설명하는데, 이 설명은 동성혼을 정당화시켜준다. 입양과 접붙임은 하나님의 가족의 외연을 넓히는 데

---

90 Rogers, "A Theology of Marriage: Same-Sex complementarity," 28.
91 Good, Jenkins, Kittredge, and Rogers, "A Theology of Marriage including Same-Sex Couples: A View from the Liberals," 69.

결정적인 역할을 하는 비유장치들이다. 농경법에서 접붙임은 본성을 거스르는 농법이다. 입양도 본성을 거스르는 것이다. 성령은 유대인과는 질이 다른 이방인들을 유대인들의 공동체에 입양 혹은 접붙임의 방식으로 연결시켜서 하나님의 백성으로 받아들인다. 동성혼도 같은 방식으로 이해된다. 동성혼은 이성혼과 질이 다르고 반자연적인 것이다(롬 1:26, 27). 그런데 성령은 반자연적인 동성혼을 자연적인 이성혼에 접붙임하여 모두 결혼으로 만드신다. 이 생각은 "본성을 거슬러"(롬 11:24) 교회를 사랑하시는 그리스도의 사랑과 부합한다.[92]

성적 욕구의 의미는 교회를 향한 그리스도의 욕구를 상징하는 데 있다.
성적 욕구는 피조물이 그리스도를 본받아서 피조물이 할 수 있는 한 다른 사람에게 가까이 다가가는 하나의 방법(tropos)이다. 그리스도를 갈망하도록 동기부여를 한다는 점에서 성적 동기는 도덕적인 일이다. 그렇다면 인간의 인격이 성적 동기를 갖는다는 것은 무엇을 의미하는가? 성적 동기를 가지는 사람은 다른 성을 가진 어떤 사람과의 관계를 통하여 도덕적으로 계발되고 증진되는데, 이때 상대방은 반드시 다른 성을 가진 사람일 필요는 없다. 동성관계로 부름을 받은 사람들도 자신이 가진 성적 욕구를 충족받기를 원하는 자들이다. 이들이 동성 간의 관계를 필

---

[92] Good, Jenkins, Kittredge, and Rogers, "A Theology of Marriage including Same-Sex Couples: A View from the Liberals," 79-80.

요로 하는 이유는 이성 관계나 독신이 평생에 걸친 헌신과 사랑을 증진시켜줄 만큼 이들의 마음속 깊이 들어갈 수 없기 때문이다. 동성부부들은 가장 깊고, 가슴으로 느끼고, 삶을 변화시키는 열망을 이성이 아닌 동성을 향하여 느끼는 것뿐이다.[93] 이들도 결혼관계 안에서 자신들의 자기애를 자기희생으로 변화시켜 가는 성화를 필요로 하는 자들이다.[94]

동성부부도 교회를 향한 하나님의 사랑을 증언한다. 진정한 욕구는 자기만족이 아니라 자기 내어줌을 통한 자기 상실인바, 동성애자들은 동성혼 안에서만이 타인을 위하여 자기를 포기하고 자기를 주는 훈련을 할 수 있다. 동성애자들의 자기 포기 과정은 예수의 자기 포기 과정을 상징한다. 예수는 자신이 갈망하는 것을 포기함으로써 십자가로 나아가신 것이 아니다. 예수는 신부에 대한 사랑 때문에 가지게 된 욕구를 따름으로써 십자가로 나아가셨다. 이 점 때문에 결혼은 어린 양의 혼인잔치를 모방하는 것이다. 어린 양의 혼인잔치도 욕구로 시작하여 긍휼로 나아간다. 예수는 뜨거운 욕망을 가진 자들을 선호하고(계 3:15) 욕

---

[93] 쉴라바하(Gerald W. Schlabach)도 같은 논지를 말한다. 쉴라바하는 결혼생활의 목적을 성욕의 해소에 두고 있는 고린도전서 7장 9절 말씀을 동성애자들에게 적용하여 동성애자들의 성욕도 결혼관계 안에서 합법적으로 해소되어야 하지만 이성혼에서는 해소가 불가능하므로 동성혼이 필요하다고 말한다(Gerald W. Schlabach, "A Pauline Case for Same-Sex Marriage: What Is Marriage now?" *Christian Century*, 13. 20 〈October 2014〉, 22-27.

[94] Good, Jenkins, Kittredge, and Rogers, "A Theology of Marriage including Same-Sex Couples: A View from the Liberals," 72-74.

구가 냉랭한 자를 회피하신다(마 24:12).

동성애자들도 아브라함의 축복의 대상이다.

하나님은 아브라함에게 "천하 만민"이 아브라함을 통하여 복을 받으리라고 말씀하셨다(창 18:18; 22:18; 26:4). 여기서 말하는 천하 만민 안에는 바울이 동성애와 관련하여 언급한(롬 1장) 이방인들의 부류도 포함된다. 이 약속은 그리스도를 통하여 성취되었다. 그리스도께서는 죄인들과 더불어 먹고 마셨으며, 이로써 인간들에게서 나타나는 차별이 저주로 작용하는 것을 거부하셨다. 하나님의 선교는 저주를 축복으로 바꾸어 놓는 것이며, 만민 가운데 있는 분열을 모든 백성들의 화해로 바꾸는 것이다. 교회의 소명은 죄인들을 구금하고, 핍박하고, 증오하는 것이어서는 안 되고 죄인들과 함께 먹고 마시는 것이어야 한다. 그러므로 교회는 동성부부를 거부함으로써 이들을 저주해서는 안 되고 이들과 더불어 먹고 마셔야 한다.[95] 마이어도 사도행전 10장에서 하나님이 베드로에게 정결하지 않은 짐승을 잡아먹으라는 명령을 내리신 것은 이방인들을 포함한 모든 인류가 차별 없이 하나님의 구원의 축복의 대상임을 천명하신 것이라고 파악한 다음, 이 축복에는 동성애자들도 포함되며, 동성애자들에게 결혼을 허용

---

95 Good, Jenkins, Kittredge, and Rogers, "A Thelogy of Marriage including Same-Sex Couples: A View from the Liberals," 60-61.

하는 것을 의미한다고 해석한다.[96]

기독교 교리와 삶의 원리들에 대한 퀴어 신학의 재해석에 대한 비판

(1) 퀴어 신학의 출발점은 정통신학이 동성애를 '낯설고 이상한 것'으로 파악하고 비판한다는 점을 반대로 뒤집어서 정통신학 자체가 '낯설고 이상한 것'이기 때문에 오히려 정통신학의 중요한 신학적 주제들과 동성애는 본질이 같고, 따라서 정통신학의 신학적 주제들은 동성애를 신학적으로 정당화할 수 있다는 것이다. 그런데 문제는 정통신학 자체가 '낯설고 이상한' 요소들을 가지고 있다 하더라도 정통신학 자체가 지니고 있는 신학적 주제들을 '낯설고 이상한' 특징들을 가지고 있다고 할 때 이 표현에 담겨 있는 의미와, 정통신학이 동성애를 '낯설고 이상한' 것으로 파악할 때 이 표현에 담겨 있는 의미가 판연하게 다르다는 데 있다. 퀴어 신학은 '낯설고 이상한'이라는 표현이 지니는 다양하고 복잡한 함의들을 의도적으로 무시하고 여자적 동일성만을 자의적으로 부각시킨다.

---

[96] David G. Myers, and Letha Dawson Scanzoni, *What God Has Joined Together: The Christian Church* (San Francisco: Harper San Francisco, 2005), 103; Gerald C Liu, "United Methodist Liturgy for Same Sex Marriage: The Words Remain the Same," *Encounter*, 74.3 (2014), 14.

정통신학의 신학적 주제들이 "낯설고 이상하다"는 말은 이 주제들이 불신자들의 이성과 경험을 넘어서는 초월적인 내용으로 구성되어 있기 때문에 불신자들의 이성과 경험의 관점에서 보면 납득되기 어려운 요소들을 지니고 있다는 의미를 담고 있다. 말씀으로 이 세상을 창조하셨다는 진리는 인간의 경험 밖에 있고, 또 재료가 있어야 새로운 물건을 만들어내는 인간의 기술에 비추어 보았을 때 납득이 되지 않는 사건이다. 어떤 사람이 죄를 범했다면 죄를 범한 사람이 형벌을 받아야 마땅한데, 아무런 연관도 없는 제3자가 형벌을 대신 받고 사면해준다는 원리를 담고 있는 대속의 구원론도 불신자의 이성으로 납득되기 어려운 일이다. 또한 성경에는 자연의 법칙을 거슬러서 기적적인 초자연적 사건들이 많이 기록되어 있다. 출애굽 사건, 여호수아의 명령으로 해가 중천에 머무른 사건, 요단강이 갈라진 사건, 동정녀에게서 아기 예수가 탄생한 사건, 오병이어 사건, 죽은 사람을 살린 사건, 병이 치유된 사건 등이 모두 이성의 관점에서는 납득할 수 없는 사건들이며, 부활의 소망도 이성이나 경험으로 납득할 수 없는 것이다. 그러나 성령의 인도함을 받는 거듭난 신자들의 믿음의 이성의 관점에서는 이런 일들이 모두 타당한 것으로 여겨지며, 경험적으로도 문제가 없는 것으로 인식된다.

그러나 정통신학이 동성애를 낯설고 이상한 것으로 본다는 것은 이와는 전혀 다른 의미이다. 정통신학의 입장에서 동성애가 낯설고 이상하다는 말은 동성애가 비도덕적일 뿐만 아니라

의학적으로나 생물학적으로 통상적인 상식적 질서와 부합하지 않는다는 뜻이다. 동성애는 성경의 가르침과 보편적인 인류의 성윤리에 반하는 비도덕적인 성적 관행이며, 남성 동성애의 경우에 배설기관과 생식기관의 기괴한 접촉이라는 점에서 생물학적 상식에 반하며, 이런 접촉을 통하여 각종 질병 발병의 원인이 될 수 있다는 점에서 의학적인 상식에도 반한다.

결론적으로 말해서 신학적 주제들의 낯설고 이상함과 동성애의 낯설고 이상함은 연결시킬 수 없다.

(2) 퀴어 신학은 인간은 원래 남성성과 여성성을 동시에 지니고 있어 남성성과 여성성을 자유롭게 오갈 수 있는 자웅동체로 존재했고, 자웅동체적 존재가 시초의 가장 이상적인 인간 존재 방식이라고 주장하고 있다. 그런데 이와 같은 주장은 희랍철학이나 탄드라교와 같은 고대 이방철학과 종교에서 기원한 발상으로서 성경과 기독교의 인간관과 배치된다. 타락하기 전 에덴동산에서의 인간은 창조된 첫 순간부터 완전히 독립된 남자와 여자로 존재했다(창 1:27). 성경은 아담과 하와가 타락한 이후에 타락의 증표 가운데 하나로서 동성애가 시작되었음을 말한다.[97]

(3) 퀴어 신학은 삼위일체 하나님 상호 간에 영원의 차원에서

---

97 성경은 동성애가 타락한 가나안 부족으로부터 시작되었음을 보도한다(레 18:3,22).

이루어지는 사랑의 관계를 성적인 난교의 관계로 심각하게 왜곡시켜 해석하였다. 그리고 하나님은 그 본질상 인간의 성별인 남성과 여성을 초월한다는 점을 악의적으로 해석하여 하나님을 양성적 존재로 제시한 다음, 성부와 성자와 성령 세 위가 서로 사랑하는 것을 포르노그래피에서나 볼 수 있는 집단 난교에 빗대어 삼위가 집단적으로 난잡하게 성관계를 가지며, 영원의 차원에서 오르가즘 곧 황홀경을 지속적으로 느끼면서 즐기는 관계로 해석하였다. 이와 같은 퀴어 신학의 삼위일체 간의 사랑의 관계에 대한 해석은 명확히 독신적인 참람한 해석이다.

첫째로, 퀴어 신학은 창조주이신 삼위일체 하나님의 본질과 피조물인 인간의 본질이 질적으로 무한한 차이가 난다는 사실을 무시하고 하나님의 존재방식과 인간의 존재방식을 범신론적으로 혼합 또는 동일시하는 오류를 범하였다. 하나님은 인간으로 하여금 종말의 날까지 현세 안에 사는 동안 남성 아니면 여성으로서 존재하도록 질서를 정해 주셨으며(창 1:27), 일단 성별이 생물학적으로 결정되면 인간이 자의로 바꿀 수 없도록 하셨다. 그러나 하나님은 성별을 초월한 영적인 실재로서 남성도, 여성도 아니며, 양성을 오갈 수 있는 실재도 아니다. 인간에게 고유하게 적용되어야 할 성별을 하나님의 존재방식에 적용하는 것은 범신론적으로 하나님과 인간을 동질시하는 것으로서 한편으로는 하나님을 피조물의 자리로 끌어내림으로써 제1계명을 범하는 것이며, 또 다른 한편으로는 피조물을 하나님의 자리로 끌어

올림으로써 제2계명을 범하는 행동이다.

둘째로, 삼위 하나님 사이에서 이루어지는 사랑은 완벽한 영적인 아가페 사랑으로서 이 안에는 성애적 요소가 전혀 없다. 인간 사이에서 이루어지는 성애가 하나님의 아가페 사랑의 특징 가운데 어느 한 단면을 반영하고 있는 것은 사실이지만 이것은 어디까지나 유비일 뿐이며, 이 두 사랑은 동질시될 수 없다. 더욱이 삼위 하나님의 거룩한 아가페 사랑을 하나님 자신이 철저하게 성경을 통해 명백히 금지하고 있는 동성 간의 성애와 집단 난교로 규정하는 것은 이단적인 주장을 넘어서서 참람한 신성모독적인 태도다.

(4) 퀴어 신학은 성육신 사건에서 마리아가 남성과 성관계를 하지 않았고, 남자로부터 몸의 요소를 물려받지 않고 오직 여자로부터만 몸의 요소를 물려받았기 때문에 예수님은 남성적 성적 특징과 여성적 성적 특징을 모두 지닌 자웅동체적 존재라고 설명한다. 성육신 사건에 대한 이와 같은 퀴어 신학의 해석은 성육신 사건을 합리적으로만 설명하려고 했을 때 나타나는 논리적인 추론의 가능성을 동성애를 정당화하기 위한 목적으로 최대한 이용한 것이다. 성육신 사건에 대한 바른 해석은 여성이 남성과 성관계를 갖지 않은 부분을 전능하신 성령의 기적적인 능력에 의하여 남성과 성관계를 가질 때와 다름없는 방식으로 남자 아이의 잉태가 이루어졌다는 것이다. 성경은 아기 예수님이

자웅동체적 존재가 아니라 남자 아이, 곧 아들임을 단호하게 선언한다(사 7:14).

(5) 퀴어 신학은 예수님의 몸은 십자가에 달리셨을 때 여성의 몸으로 변화하여 창에 찔린 상처가 여성의 성기로 변환되고 피와 물은 여성 성기에서 흘러나온 액체와 젖으로 변환되었다고 주장한다. 그러나 십자가에 달리신 예수님의 창에 찔린 상처는 그냥 몸에 난 상처일 뿐이고, 상처에서 흘러나온 피와 물은 그냥 피와 물일 뿐, 어떤 다른 성질을 가진 신체 부위로 변환된 것이 아니며, 성경 안에 이와 같은 변환에 대한 어떤 암시도 등장하지 않는다. 예수님의 창에 찔린 상처와 흘리신 피는 구속사적인 관점에서 인간들의 죄를 대신 지시고 형벌을 받으신 증거로서 의미가 있을 뿐이다.

(6) 퀴어 신학은 부활 이후에 예수님의 몸이 다성적인 몸으로 변화되었으며, 이에 따라서 신자들의 몸도 다성적인 몸으로 변화된다고 주장한다. 성육신에서부터 십자가 사건을 거쳐 부활에 이르기까지 퀴어 신학이 설명하는 예수님의 몸에 대한 설명은 갈팡질팡한다. 필요와 상황과 목적에 따라서 예수님은 남성이 되었다고 했다가, 여성이 되었다고 했다가, 여성도 아니고 남성도 아닌 자웅동체적 존재가 되었다고 말하는 등 시시각각으로 평가가 바뀌어서 도대체 무엇이 진정한 예수님의 몸인지 알

길이 없다.

그러나 성경은 부활 이후의 몸에 대하여 다른 정보를 제공한다.[98] 남자와 여자의 구분은 구속사건이 완성된 후, 곧 부활한 이후에도 유지된다. 부활하신 몸이 부활 이전과는 질이 다른 변형된 몸이었음에도 불구하고 부활 이전에 지녔던 외형적인 남성성이 그대로 보존되었다는 사실은 남성성과 여성성의 특징이 역사의 종말 때 보편적인 인류의 부활이 일어난 이후의 영광스러운 상태에서도 그대로 유지될 것임을 시사한다. 일부 신학자들은 부활할 때 장가도 가지 않고 시집도 가지 않고 하늘에 있는 천사들과 같다(마 22:30)는 예수님의 말씀에 근거하여 부활 상태의 무성성을 주장하기도 하지만,[99] 이 주장은 본문을 잘못 해석한 결과다. 예수님은 이 본문에서, 첫째로 성이 없어질 것이라고 선언하신 일이 없고, 다만 결혼이 더 이상 행해지지 않는다는 점을 밝히신 것이며, 둘째로 부활 이후 사람들이 천사들과 같이 될 것이라고 했는데, 천사가 성적인 존재가 아니라는 말은 성경에 등장하지 않는다.[100]

(7) 퀴어 신학은 신자가 세례와 성찬에 참여할 때 신자의 몸이

---

98 이상원, "성이란 무엇인가? - 성경적, 신학적, 윤리적, 생리학적 관점에서 -." 『교회의 성(性), 잠금 해제?』 (서울: 한국교회탐구센터, 2014), 15.

99 Gene A. Getz, *The Measure of Family* (Glendale, Calif.: Gospel Light/Regal Books, 1976), 47.

100 스탠리 그렌츠, 『성윤리학』, 남정우 역 (서울: 살림, 2003), 49-50.

남성과 여성의 차별을 넘어서서 남성과 여성을 자유롭게 오갈 수 있는 무성적인 존재로 변화된다고 주장한다. 그러나 이 주장은 세례와 성찬을 심각하게 왜곡한 것이다. 로마 가톨릭의 화체설이 성찬에서 떡을 떼고 포도주를 마시면 떡이 예수님의 몸으로 변하고, 포도주가 예수님의 피로 변한다고 주장하고 있지만, 이 주장도 예수님의 몸이나 신자의 몸 그 자체가 변한다는 말은 아니다. 신자들이 성령으로 세례를 받을 때 속사람 속에 들어오시는 성령께서 죽었던 속사람을 거듭나게 하시지만(엡 2:1), 이 변화는 수세자의 몸의 물리적 성질을 변화시키는 것은 아니며, 성찬에 참여할 때 그리스도의 임재를 영적으로 강하게 체험하지만 이것 역시 몸의 물리적 성질이 변화되는 것은 결코 아니다.

(8) 퀴어 신학은 독신생활을 하면서 기도와 명상을 통해 하나님과의 범신론적 연합을 추구한 수도승들이 하나님과의 감미로운 연합을 성애적인 상징을 통하여 묘사한 글들을 여자적으로 해석하여, 하나님을 성애의 남성 파트너에, 자신들을 여성화된 여성 파트너의 위치에 두어 동성애에 빠져들었다고 해석한다. 물론 수도승들의 명상일기를 여자적으로 읽으면 이렇게 오해할 수 있는 소지가 있는 것은 사실이고, 또한 수도승들이 하나님과의 범신론적 연합을 추구하는 오류를 범한 것도 사실이다. 하지만 수도승들이 자신들의 수련과정과 명상과정에서 상징과 비유로 표현한 하나님에 대한 거룩한 사랑을 동성애로 해석하는 것은

이들의 경건생활을 심각하게 왜곡하는 것이다.

(9) 퀴어 신학의 결혼관은 결혼질서를 교회질서로 환원시킴으로써 결혼질서의 독특성을 부당하게 누락시켰다. 퀴어 신학의 동성혼 옹호논증의 핵심은 결혼은 그리스도와 교회의 관계를 세상을 향하여 증언하는 모형으로서만 의미가 있다는 해석이다. 새로운 결혼관은 전통적인 이성혼이 지니고 있는 결혼의 독특한 특징들, 곧 결혼은 남자와 여자 사이에서만 이루어지는 독특한 애정과 상호보완적인 성관계 그리고 이 성관계에 뒤따르는 자녀출산 등과 같은 특징들을 사실상 모두 누락시켜버렸다. 그리고 결혼을 그리스도와 교회의 관계에 나타나는 특징을 반영하고 증언하는 하나의 모형, 곧 교회를 향한 그리스도의 사랑을 세상을 향하여 증언하는 상징으로서만 그 존재 의미를 가지는 것으로 해석했다.

그러나 이 태도는 일반은총을 특별은총으로 환원시켜 해소해버리는 일원론적인 은총론으로서 반문화적이다. 결혼이 그리스도와 교회의 관계를 반영하는 유비적인 모형인 것은 사실이며, 결혼 안에서 그리스도의 사랑을 실천하고 다양한 기독교적인 덕목들을 계발하는 훈련을 해야 하는 것도 사실이다. 그러나 결혼이 그리스도와 교회의 관계를 증언하는 유비적인 모형으로 사용될 수 있는 것은 결혼 그 자체가 그리스도와 교회의 관계에 나타나는 구속행위와 100% 일치하기 때문이 아니라 결혼이 지닌 특징 가운데 중요한 한 단면이 구속행위를 반영하고 있기 때문이다.

결혼이 구속의 질서를 반영하고 있고, 구속행위가 보다 온전한 결혼생활을 가능하게 하는 중요한 동력이 되는 것은 사실이지만 결혼은 구속행위로 환원되어서는 안 되고, 결혼의 고유한 영역을 유지하면서 구속행위를 반영하는 형태가 되어야 한다. 결혼과 구속행위는 긴밀한 연관성을 유지하면서도 서로에게로 환원되지 않고 고유한 영역을 견지해야 한다.[101]

(10) 동성혼은 결혼이 지닌 중요한 특성을 충족시키지 못한다. 다우마(J. Douma)는 바른 결혼관계가 갖추어야 할 특징을 일곱 개

---

[101] 예를 들어서 카이퍼(Abraham Kuyper) 등을 중심으로 발전된 네덜란드 개혁주의 사회사상인 영역주권론은 교회와 가정은 각기 서로 환원될 수 없는 고유한 영역과 규범적 법칙을 지니고 있음을 말한다. 영역주권론에 따르면, 교회와 가정을 포함하여 사회 안에 있는 각 기관들은 생명의 법 아래 있는 몸과 같은 것이어서 발이 없으면 눈이 작용할 수 없고, 눈이 없으면 발이 움직일 수 없는 것처럼 긴밀한 유기적인 연대적 관계 안에 있다. 하지만 각 기관들은 성, 연한, 기질, 이해와 의지의 기능 등에서 균등하지 않은 은사들을 가지고 있기 때문에 각 기관들의 개별성이 억압되거나 무시되어서는 안 된다. 각 기관들은 하나님으로부터 그 기관에 고유한 자리와 법(ordinances)을 부여받았다. 그러므로 이 고유한 자리를 받아들이고 이 고유한 법에 순종해야 한다(*Proces-verbaal van het sociaal congres gehouden te Amsterdam den 9,10,11,12. November 1891.* 〈Amsterdam: Hoveker&Zoon, *roces-verbaal van het sociaal congres gehouden te Amsterdam den 9,10,11,12,* 1892〉, Stelling I-1-V). 개혁주의와는 다른 전통에 있는 본회퍼(Dietrich Bonhoeffer)도 노동, 결혼, 정치적 권위, 교회를 하나님이 위임하신 서로 환원될 수 없는 독특한 위임으로 분류하고 각 위임들의 특징들을 설명한다(디이트리히 본회퍼, 『기독교윤리』, 손규태 역 〈서울: 기독교문사, 1984〉, 177-183).

의 항목, 곧 배타적 관계, 친밀한 관계, 가족의 형성, 음행에 대한 방패, 평생 지속되는 관계, 공적 성격, 상대적 성격으로 정리했는데[102] 동성혼은 이 일곱 가지 특징 가운데 적어도 다섯 가지 특징을 충족시키지 못한다.

첫째로, 배타적 관계라는 말은 결혼은 하나의 배우자와의 결합으로서 두 당사자 이외에 제3자의 참여를 거부하는 일부일처제(monogamy)라는 의미도 있으나 한 여자와 한 남자의 결합이라는 의미도 가진다. 여기서 남자와 여자의 생물학적 상호보완성은 매우 중요한 의미를 가진다. 인간의 신체는 심장혈관계(the cardiovascular system), 호흡기계(the respiratory system), 신경계(the nervous system), 생식계(the reproductive system)라는 4대 핵심계통으로 구성된다. 이 가운데 심장혈관계, 호흡기계, 신경계는 다른 신체의 도움이 없이 한 몸 안에서 자율적으로 작동된다. 그러나 생식계만은 다른 성을 가진 배우자와 연합하지 않으면 작동되지 않는다. 생식관계에서 다른 성을 가진 배우자들은 서로를 완성한다. 그러나 같은 성을 가진 배우자들, 곧 두 남자 혹은 두 여자는 생식계의 유기적인 신체적 결합을 이룰 수 없으며, 배우자의 생식계의 기능을 바르게 작용하도록 보완하지 못한다.[103]

둘째로, 결혼관계가 한 남자와 한 여자 사이의 배타적 관계라

102　J. Douma, *Sexualiteit en huwelijk* (Kampen: Van den berg, 1993), 110-143.

103　Scott Stiegemeyer, "Robert George's Natural Law Argument against Same-Sex Marriage," *Concordia Theological Quaterly* 78, no.1-2 (Jan-Apr, 2014), 129.

는 말은 이 관계가 친밀한 관계라는 뜻이다. 부부는 한 몸이 된다. 한 몸으로서의 친밀성은 전인적으로 이해되어야 한다. 전인적 친밀성이라 함은 몸과 마음의 연합을 의미하는데, 마음의 연합은 결혼 서약이 규정한 것처럼 "기쁠 때나 슬플 때나, 부유할 때나 가난한 때나, 아플 때나 건강할 때"도 변함없이 함께하여 주는 태도를 의미한다. 이 태도는 그리스도께서 교회를 위하여 자기 몸을 내어주는 행동에 나타난 것과 같은 자기희생을 의미하는 도덕적인 태도를 뜻한다. 그런데 진정한 전인적 하나 됨이 이루어지려면 몸의 연합 곧 성관계도 도덕적인 연합이라야 한다. 그런데 이성 간의 성관계는 윤리적으로나 의학적으로 도덕적 정당성을 부여받을 수 있으나 동성 간의 성관계는 도덕적 정당성을 부여받기 어렵다.[104]

셋째로, 결혼은 자녀출산을 목표로 한다. 물론 자녀출산이 결혼의 첫 번째 목적이 되어서는 안 된다. 결혼의 첫 번째 목적은 남편과 아내가 서로 돕고 함께하는 것이다. 창세기 1장 28절은 예외 없이 적용되는 명령은 아니며, 자녀가 없는 결혼도 완전한 결혼이며, 자녀출산을 목표로 하지 않고 다만 즐거움만을 위

---

[104] 하나님이 인간을 창조하실 때 몸은 100% 하나님의 계획에 따라서 형성된 구조로 되어 있으며, 인간이 변경할 수 없도록 만드셨으나 의지와 욕구를 포함한 마음은 인간의 자유로운 결단 안에 두셨다. 그러므로 인간은 신체구조에 의지와 욕망을 맞추어 성관계를 결정해야 한다. 의지와 욕망에 신체구조를 맞추는 것은 하나님의 계획에 대항하는 반역죄가 된다(Stiegemeyer, "Robert George's Natural Law Argument against Same-Sex Marriage," 132).

하여 부부 사이에 성관계를 가지는 것은 정당한 것이다.[105]

그러나 자녀출산이 결혼의 일차적인 목표는 아니라 하더라도 통상적으로 결혼 안에서의 성관계는 자녀출산의 열매를 낳는 것이 결혼의 중요한 목표 가운데 하나임을 배제해서는 안 된다.[106] 자녀출산은 인류를 대표하는 아담에게 주어진 보편적인 명령으로서(창 1:28), 홍수 후에 인류를 대표하는 노아에게 반복하여 주어졌으며(창 9:1), 야곱에게도 주어졌다(창 35:11). 고대사회에서 인류가 이 명령을 받을 때와 오늘날의 상황이 바뀌었기 때문에 이 명령을 실행하는 방식도 달라질 수 있는 것은 사실이지만, 이 명령이 이제는 실현되었기 때문에 더 이상 이 명령을 준수할 필요가 없다고 판단하는 것은 잘못된 이해다. 이 명령이 주어질 때는 땅을 정복하고 땅에 있는 생물들을 다스리라는 문화명령을 수행하기에는 인류의 숫자가 턱없이 부족했기 때문에 출산되는 자녀의 숫자와 상관없이 자녀를 낳아야 했다(maximaal kindertal, 최대한의 자녀출산). 인구과잉이 문제가 되고 있는 오늘날에는 책임윤리의 관점에서 자녀의 숫자를 적절히 조절하는 변화가 필요한 것이

---

105 과거의 로마 가톨릭교회는 성교는 자녀출산만을 위하여 이루어져야 한다고 주장했다(Th. Beemer, *Het kerkelijke spreken over seksualiteit en huwelijk* 〈Nijmegen/Baarn, 1977,Beemer 1977〉, 15 이하). 그러나 현대 로마 가톨릭교회는 자녀출산을 목표로 하지 않은 사랑의 표현으로서의 성관계도 인정하는 추세에 있다(Beemer, *Het kerkelijke spreken over seksualiteit en huwelijk*, 1977, 76).

106 John E. Goldingray, Grant R. Lemarquand, George R. Sumner, and Daniel A. Westberg, "Same-sex Marriage and Anglican Theology: A View from the Traditionalists," *Anglican Theological Review*, 93.1. (Winter 2011), 24-25.

사실이지만(optimaal kindertal, 최적의 자녀출산), 종말의 날까지[107] 자녀출산은 계속되어야 할 보편적인 명령이며, 구속의 질서는 자녀출산이라는 창조의 질서를 폐기하지 않는다. 생물학적인 자녀출산은 구속의 질서가 산출하는 하나님의 백성들의 모판이 된다. 그러나 동성혼은 이 목적을 성취하는 데 전혀 기여하지 못한다.

넷째로, 결혼은 음행에 대한 방패장치로서 기능한다. 결혼이 성관계를 이성혼 안으로 끌어들인다는 것은 성관계는 이성혼 안에서라야 도덕성을 담지할 수 있기 때문이다. 성관계를 이성혼 안으로 끌어들이는 이유는 이성혼만이 도덕적으로 정당하기 때문이다. 음행은 비도덕적이기 때문에 차단되어야 한다. 퀴어 신학에서는 동성애자도 불같은 성적 욕구를 지니고 있는바, 이 욕구를 합법적으로 해소하기 위하여 결혼관계 안에 들어가야 한다고 주장한다. 동성애자는 이성 간의 성관계나 독신생활을 통해서는 성적 욕구를 해소할 수 없으므로 동성혼을 허용해주어야 비로소 합법적인 성욕의 해소가 가능하다는 것이다. 이때 선결조건은 동성 간의 성관계 그 자체가 도덕적으로 합법적인 행위여야 한다는 것이다. 그러나 동성애 그 자체가 음행으로서 비도덕적인 성행위라는 점이 문제가 된다.

다섯째로, 결혼서약은 그리스도 안에서 행한 서약이든 그리스도 밖에서 행한 불신자들의 서약이든 간에 하나님 앞에서 행

---

[107] Douma, *Sexualiteit en huwelijk*, 148–149.

하는 맹세이므로 죽음이 갈라놓을 때까지 깨어질 수 없고 평생 지속되는 관계다(롬 7:2 이하). 그러나 기독교 윤리학은 간음의 경우와 신앙이 다른 경우, 그리고 이에 더불어 동성 간의 성교 행위도 합법적인 이혼 허용사유로 인정해 왔다.

(11) 퀴어 신학은 동성혼이 당사자들의 도덕적 덕목훈련의 장이라고 주장하고 있으나 도덕적 덕목의 훈련은 동성 간의 성적 욕구를 제어하는 것에서부터 시작되어야 한다.

퀴어 신학은 결혼의 의미를 자기 내어줌을 골간으로 하는 도덕적 덕목을 훈련하는 성화의 무대라는 점에서만 찾고 있다. 결혼을 도덕적 덕목 훈련의 장으로만 획일적으로 이해하는 것은 잘못이지만, 결혼이 도덕적 덕목의 훈련의 장으로서의 성격을 지니고 있는 것은 사실이다. 그런데 문제는 퀴어 신학이 이와 같은 결혼의 특징과 의미를 바로 동성혼에 확대 적용시키고 있다는 점이다. 이와 같은 확대적용의 신학적 근거로 제시되는 것은 그리스도가 교회의 신랑이 된다고 했을 때 그리스도의 신부는 남자와 여자를 모두 포함한다는 것이다. 따라서 그리스도와 교회의 결혼은 남자와 남자의 결혼을 포함한다. 한 걸음 더 나아가서 그리스도는 인간 아버지가 없이 태어나셨으므로 양성적 존재이며, 따라서 남자와도 결혼할 수 있고, 여자와도 결혼할 수 있는 존재로 인식된다. 이와 같은 확대는 신학적이고 윤리적인 문제점을 드러낸다.

첫째로, 그리스도와 교회의 연합을 남자와 여자의 결혼에 비유한 것은, 남편이 아내를 향한 마음과 태도가 비록 불완전하지만 그리스도가 성도들을 향하여 보여주시는 마음가짐과 태도를 유비적으로 반영하고 있기 때문이다.

성교 시에 남자는 자신을 여자에게 준다. 동시에 온전한 성관계를 이루기 위해서는 특히 남성이 여성의 입장에 서서 그리고 여성의 입장에 맞추어서 자기 자신의 성욕을 조절하도록 되어 있다. 이런 태도가 필요한 것은 남성과 여성의 성감의 차이 때문이다. "남성의 흥분곡선은 급격하게 솟아오르고 신속하게 떨어지는 반면에, 여성의 흥분곡선은 천천히 솟아오르고 완만하게 내려간다. 남성들은 사정을 일차적인 목표로 하는 빠르고 강하고 직접적인 성관계를 원하는 반면에 여성은 지속적이고 부드러우면서 정교한 형태의 성관계를 원한다. 여성의 흥분곡선은 성애적인 환경, 전희, 후희의 긴 시간에 걸쳐 있다."[108] 따라서 남성과 여성 특히 여성이 만족하는 성관계를 가지려면, 남성이 자기를 희생하고 상대방의 유익을 구하는 아가페적인 태도[109]와 여성의 입장에서 생각하는 황금률적인 태도가 있어야 한다.

---

108 이상원. "성이란 무엇인가? —성경적, 신학적, 윤리적, 생리학적 관점에서—." 『교회의 성(性), 잠금 해제?』, 34–35; Helmut Thielicke, 1981. *Theological Ethics: Sex*. Trans. by John W. Doberstein. Grand Rapids: Eerdmans. Thielicke 1981, 47–51; 바노이, 『사랑이 없는 성』, 28.

109 Anders Nygren, 『아가페와 에로스』, 고구경 역 (서울: 크리스챤 다이제스트, 1978). 80.

성관계 이외에도 남성이 늙어가는 여성 배우자를 끝까지 애정 어린 마음으로 대하기 위해서는 호감을 갖추지 못한 자를 호감을 갖춘 자로 대우하는 아가페적인 태도[110]가 필요하다. 바로 이와 같은 아가페적인 태도가 교회를 향한 그리스도의 마음을 불완전하게나마 반영하고 있기 때문에 유비관계가 성립되는 것이다. 이 유비관계에서 이 특성 이외에 다른 어떤 것도 유비관계에 대입시켜서는 안 된다. 그것은 유비의 목적에서 벗어나는 것이다. 그러나 동성 간의 성관계에서는 이런 의미의 아가페적 태도가 자리 잡을 여지가 없다. 왜냐하면 동성 간의 흥분곡선은 동일하기 때문이다.

둘째로 퀴어 신학은 동성혼을 철저하게 도덕적 훈련의 장으로 제시하면서도 동성애 그 자체가 도덕적으로 정당한가 하는 문제에 대해서는 전혀 언명을 하지 않는다. 이 말은 퀴어 신학이 동성애를 생물학적으로나 도덕적으로 하자가 없는 정상적인 성적 지향임을 전제하고 있음을 뜻한다. 그러나 이 전제는 결코 자명하지 않다. 오히려 동성애자가 결혼관계 안에서 도덕적인 덕의 훈련에 참여하는 첫걸음은 동성애를 통제하고 동성애에서 벗어나기 위한 노력으로부터 시작되어야 한다.[111] 그러나 동성애는 의

---

110 Nygren, 『아가페와 에로스』, 120.
111 교회가 동성애에 대하여 관용하는 입장을 취하면, 이성애를 바른 결혼질서로 받아들이면서 자신 안에 있는 동성애적 성향을 절제하기 위한 정당한 도덕적인 노력을 하고 있는 기독교인들을 좌절과 혼란에 빠뜨리게 된다 (Goldingray, Lemarquand, Sumner, and Westberg, "Same-sex Marriage and

학적으로나 생물학적으로나 건전한 성관습으로 인정받지 못하고 있으며, 성경윤리적인 관점에서 도덕적인 성관습으로 인정받지 못하고 있다.

(12) 온 인류를 대상으로 한 하나님 나라의 축복에는 신학적이고 윤리적인 조건이 뒤따른다. 퀴어 신학은 아브라함에게 주어진 축복은 온 인류를 대상으로 하고 있고, 이 온 인류에는 동성부부도 포함되어야 하므로 동성부부를 향한 하나님 나라의 축복에 제한을 가해서는 안 된다고 주장한다. 그러나 이와 같은 만민구원론적인 주장은 비성경적이다. 온 인류가 모두 구원의 축복의 대상이지만, 이들 가운데 예수 그리스도에 대한 신앙을 고백하는 자들만이 구원의 축복에 참여한다(요 3:16; 14:6; 행 4:12). 예수 그리스도를 구주로 영접하는 자들이라 할지라도 죄악 속에 빠져서 회개하지 않으면, 그 시간 동안에는 실존적으로 하나님 나라의 축복으로부터 한시적으로 배제된다. 더욱이 고린도전서 6장 9절은 명료하게 동성애에 참여하는 자들은 하나님 나라의 유업으로부터 배제됨을 밝히고 있다.

Anglican Theology: A View from the Traditionalists," 49-50).

나가는 말

퀴어 신학은 개인윤리적인 차원, 사회윤리적인 차원, 신학적인 차원에서 모두 지금까지 등장한 어떤 신학 체계보다도 심각한 문제점을 드러내고 있다.

우선 개인윤리적인 차원에서 퀴어 신학은 하나님의 창조질서(창 1:27; 2:24)와 보편적 규범(레 18:22; 20:13)이 명시적으로 금지하고 있는 원리, 곧 성별은 남성과 여성으로 하나님이 정해주신 것으로서 인간이 자의적으로 바꾸어서는 안 된다는 것과, 성관계는 반드시 남성과 여성 사이에서 결혼이라는 제도적 장치 아래 이루어져야 한다는 원리를 정면으로 거부한다. 그럼으로써 인류의 성윤리 질서를 전복시키고, 인류 사회의 근간이 되는 결혼과 가족을 위기에 빠뜨린다. 이러한 점에서 퀴어 신학은 비판을 받아야 한다.

또한 사회윤리적 차원에서 퀴어 신학은 프로이드의 성해방 개념과 마르크스주의의 혁명 전략을 접목시켜 진리의 왜곡, 정치적 선동과 선전, 언론과 교육과 법조계의 장악 등과 같은 마르크스주의적인 전략을 총동원한다. 그리하여 현존하는 사회구조를 전복시키고 동성애를 비롯한 일탈된 성행위를 아무런 규범적 통제 없이 자유롭게 행할 수 있는 무규범적인 성해방사회를 추구한다는 점에서 비판받아야 한다.

그러나 개인윤리적인 차원과 사회윤리적인 차원에서 비판을 받아야 한다는 점만으로는 퀴어 신학을 이단으로 단죄할 수 없다. 이단으로 단죄하기 위해서는 핵심적인 기독교 교리와 삶의 원리에 대한 심각한 왜곡이 있어야 하고, 이로 인한 기독교의 정체성에 심대한 훼손을 가하고 있음이 입증되어야 한다. 그런데 퀴어 신학은 핵심적인 기독교 교리와 삶의 원리에 대하여 일관성 있게 성애적 차원에서 심각하게 왜곡된 외설적 해석을 자행함으로써 이단성을 충분히 드러내고 있을 뿐만 아니라 이단성을 넘어 독신성까지도 드러낸다. 우선 퀴어 신학은 창조주로서 피조물과는 질적으로 구분되어야 하는 하나님의 본질과 존재양식을 피조물인 인간의 본질과 존재양식과 범신론적으로 동질시하는 신론적인 오류를 범하고 있다. 보다 구체적으로 말해서 인간들 사이에서 나타나는 성적 성향과 행동, 좀 더 구체적으로 말하면 비윤리적이고 일탈된 성적 성향과 행동의 차원으로 하나님을 끌어내리고 있다.

우선 퀴어 신학은 하나님을 인간과 동일한 성적 존재로 묘사하되, 그것도 남성성과 여성성을 자유롭게 오갈 수 있는 양성적이고 젠더적인 존재로 묘사한다. 하나님은 성부, 성자, 성령 셋 안에서 자유롭게 성애를 나누는 난교의 하나님으로 묘사되고 있고, 창녀가 불특정한 남자와 성관계를 가지는 것처럼 이스라엘 백성들과 일탈된 성관계를 나누는 하나님으로 묘사된다. 그리스도는 남성과 성관계를 갖지 않은 마리아의 몸에서 탄생하셨기 때문에 할례를 받는 등 외모로는 남성이셨지만 여성적인 특성을 지닌 자웅동체이셨는데, 급기야는 십자가 위에서 창에 찔리심으로써 여성의 자궁을 가지게 되어 남성성과 여성성을 동시에 지니시게 되었으며, 부활하신 후에는 완벽한 양성애자가 되셨다고 설명한다. 완벽한 양성애자가 되신 예수님은 여성 신자들을 신부로 맞이할 때는 남성의 입장에서 맞이하며, 남성 신자들을 신부로 맞이할 때는 자궁을 가진 여성의 입장에서 맞이하는 등 이성애와 이성혼, 동성애와 동성혼을 자유롭게 넘나드는 존재로 묘사된다. 신자들은 세례와 성찬을 통하여 양성애자이신 예수 그리스도와 같은 양성애자로 거듭나며, 동성애와 동성혼은 당연히 허용되어야 하는 것으로 강조한다.

하나님과 그리스도에 대한 퀴어 신학의 묘사는 하나님과, 그리스도의 본질과, 기독교의 정체성에 심대한 위해를 가하고 있다는 점에서 명확하게 이단이라고 단죄받아야 한다. 퀴어 신학은 하나님의 본질과 존재양식을 합리적으로 설명하려고 하다가 잘못된 길로 들어선 다른 이단들이 감히 하지 못한 독신적인 신학적이고 윤리적인 죄를 범하고 있다. 곧 하나님을 인간들의 성애 가운데 가장 부패하고 도착적인 일탈된 성별결정 관행과 성행위 관행을 자행하는 외설적인 존재로 전락시키고 있다. 이러한 점에서 퀴어 신학은 심각한 독신적인 죄를 범하기까지 하는 '신학적 쓰레기'와 같은 신학이다.

참고문헌

- 그렌츠, 스탠리. 『성윤리학』. 남정우 역. 살림, 2003.
- 목창균. 『현대신학논쟁』. 서울: 두란노, 1995.
- 바노이, 러셀. 『사랑이 없는 성』. 황경식·김지혁 역. 서울: 철학과 현실사, 2003.
- 박형룡. 『현대신학선평 상』. 서울: 한국기독교교육연구원, 1988.
- 본회퍼, 디이트리히. 『기독교윤리』. 손규태 역. 서울: 기독교문사, 1984.
- 이상원. "성이란 무엇인가? – 성경적, 신학적, 윤리적, 생리학적 관점에서 –." 『교회의 성(性), 잠금 해제?』. 서울: 한국교회탐구센터, 2014: 9–60.
- 이상원. "동성혼에 대한 신학적 윤리적 평가: 미국 성공회 자유주의자들의 결혼신학에 대한 비판적 연구." 『현대 사회와 윤리적인 문제들』. 서울: 대서, 2019: 316–336.
- 이상원. "퀴어신학." 『현대 사회와 윤리적인 문제들』. 서울: 대서, 2019: 337–355.
- 이상원. 『프란시스 쉐퍼의 기독교 세계관과 윤리』. 서울: 살림, 2007.
- 이상원. "프로이드의 자아론에 대한 비판적 고찰." 『성경과 개혁신학: 서철원 박사 은퇴 기념 논총』. 서울: 쿰란출판사, 2007: 313–339.
- 쿠비, 가브리엘. 정소영 역. 『글로벌 성혁명』. 서울: 밝은 생각, 2018.
- Aelred of Rievaulx. *Treatises and the Pastoral Prayer*. Trans. by Theodore Berkeley and others. Kalamazoo, MI: Cistercian Publications, 1971.
- Aquinas, Thomas. *Summa Theologica*. [No Date].
- Aquinas, Thomas. *Queer God* (New York. Routledge, 2003.
- Althaus Reid, Marcella. *Indecent Theology: Theological Perversions in Sex, Gender and Politics*. New York: Routeledge, 2000.
- Beemer, Th. *Het kerkelijke spreken over seksualiteit en huwelijk*. Nijmegen/Baarn, 1977.
- Bernard of Clairvaux. *On the Songs of Songs I*. Trans. by Kilian Walsh ocso. Kalamazoo: Cistercian Publications, 1977.
- Burus, Virginia. "Queer Father: Gregory of Nyssa and the Subversion of Identity." In Gerard Loughlin, *Queer Theology*. Malden: Blackwell, 2007: 147–162.
- Douma, J. *Sexualiteit en huwelijk*. Kampen: Van den berg, 1993.
- Eribon, Didier. *Insult and the Making of the Gay Self*. Trans. by Michael Lucey. Durham, NC: Duke University Press, 2004.

- Fletcher, Joseph. *Situation Ethics: The New Morality*. Philadelphia: Westminster, [No Date].
- Frame, John. *The Doctrine of the Christian Life*. Phillipsburg: R & R, 2008.
- Freud, Sigmund. "The ego and the id." In *The Standard Edition of the Complete Psychological Works of Sigmund Freud*, vol.XIX. London: Hogarth Press, 1964.
- Freud, Sigmund. "The Unconsciouness," In *The Standard Edition of the Complete Psychological Works of Sigmund Freud*, vol.XIV. London: Hogarth Press, 1964.
- Getz, Gene A. *The Measure of Family*. Glendale, Calif.: Gospel Light/Regal Books, 1976.
- Good, Deirdre J., Willis J. Jenkins, Cynthia B. Kittredge, and Eugene F. Rogers, Jr. "A Thelogy of Marriage including Same—Sex Couples: A View from the Liberals," *Anglican Theological Review* 93.1. Winter (2011): 51–87.
- Goldingray, John E., Grant R. Lemarquand, George R. Sumner, and Daniel A. Westberg. "Same—sex Marriage and Anglican Theology: A View from the Traditionalists," *Anglican Theological Review*, 93.1. (Winter 2011): 1–50.
- Goss, Robert. *Queering Christ: Beyond Jesus Acted Up*. Cleveland: Pilgrim Press, 2002.
- Gregory of Nyssa. *On Virginity. Selected Writings and Letters*. Trans. by William Moore and others. Edinburgh: T & T Clark, 1995.
- Hinkle, Christopher. "Love's Urgent Longings: St John of the Cross." In Gerard Loughlin, *Queer Theology*. Malden: Blackwell, 2007: 188–99.
- Hollywood, Amy. "Queering the Beguines: Mechthild of Magdeburg, Hadewijch of Anvers." In Gerard Loughlin, *Queer Theology*. Malden: Blackwell, 2007: 163–175.
- Liu, Gerald C. "United Methodist Liturgy for Same Sex Marriage: The Words Remain the Same," *Encounter* 74.3. (2014): 1–25.
- Long, Ronald E. "Heavenly Sex: The Moral Authority of an Impossible Dream," *Theology and Sexuality*, 11 (2005): 31–46.
- Loughlin, Gerard. *Queer Theology*. Malden: Blackwell, 2007.
- MacIntyre, Alasdaire. *After Virtue*. Nortre Dame: University of Notre Dame Press, 1984.
- MacIntyre, Alasdaire. *Whose Justice? Whose Rationality?* Notre Dame: University of Notre Dame Press, 1988.
- Myers, David G. and Letha Dawson Scanzoni. *What God Has Joined Together: The Christian Church*. San Francisco: Harper San Francisco, 2005.

- Nygren, Anders. 『아가페와 에로스』. 고구경 역. 서울: 크리스챤 다이제스트, 1978.
- Partidge, Cameron. "Side Wound, Virgin Birth, Transfiguration." *Theology & Sexuality*, 18 (2012): 127–132.
- Plato. *The Symposium. The Republic and Other Works*. Trans. by B. Jowett. New York: Doubleday, 1989: 317–366.
- *Proces-verbaal van het sociaal congres gehouden te Amsterdam den 9,10,11,12. November 1891*. Amsterdam: Hoveker & Zoon, 1892.
- Ramsey, Paul. *Basic Christian Ethics*. Chicago: University of Chicago Press, 1980.
- Rogers Jr., Eugene F. "A Theology of Marriage: Same-Sex complementarity." *Christian Century* 213 (May 2011): 26–31.
- Rudy, Kathy. "Subjectivity and Belief." In Gerard Loughlin, *Queer Theology*. Malden: Blackwell, 2007: 37–49.
- Schaeffer, Francis. *The God Who Is There*. In *The Complete Works of Francis Scherffer: A Christian Worldview*, Vol. 1. Westchester: Crossway, 1987: 1–202.
- Schlabach, Gerald W. "A Pauline Case for Same-Sex Marriage: What Is Marriage now?" *Christian Century* 13. 20 (October 2014): 22–27.
- Stiegemeyer, Scott. "Robert George's Natural Law Argument against Same-Sex Marriage." *Concordia Theological Quaterly* 78, no.1–2 (Jan-Apr 2014): 129–153.
- Stuart, Elizabeth. "Sacramental Flesh." In Gerard Loughlin, *Queer Theology*. Malden: Blackwell, 2007: 65–75.
- Thielicke, Helmut. *Theological Ethics: Sex*. Trans. by John W. Doberstein. Grand Rapids: Eerdmans, 1981.
- Tonstad, Linn Marie. *Queer Theology*. Oregon: Cascade Books · Eugene, 2018.
- Ward, Graham. "Bodies: The Displaced Body of Jesus Christ." *Radical Orthodoxy: A New Theology*, ed. by John Milbank, and others. London: Routledge, 1999.
- Ward, Graham. "There is no difference." In Gerard Loughlin, *Queer Theology*. Malden: Blackwell, 2007: 76–85.
- Williams, Rowan. *On Christian Theology*. Oxford: Blackwell, 2000.

개혁주의 입장에서 본
퀴어 신학 비판

초판 인쇄 2020년 9월 10일
초판 발행 2020년 9월 15일

발행 대한예수교장로회총회
기획 대한예수교장로회총회 신학부
편집 대한예수교장로회총회 교육전도국
제작 대한예수교장로회총회 출판부

주소 서울시 강남구 영동대로 330
전화 02-559-5655~6
팩스 02-564-0782
인터넷서점 www.holyonebook.com

출판등록 제1977-000003호 1977. 7. 18.
ISBN 978-89-8490-945-8 03230

ⓒ 2020, 대한예수교장로회총회

※ 이 출판물은 저작권법에 의해 보호를 받는 저작물이므로
  무단 전재와 복제, 내용 및 형식을 변형하여 사용하는 것을 금합니다.